手先の器用さを育てる保育ワーク
～発達を促す、インクルーシブ保育教材～

尾崎 康子 編著
トート・ガーボル／竹井 史

　生まれたばかりの赤ちゃんの手は、固く握ったままです。やがて、成長とともに自分で自分の手を動かすことができるようになりますが、すぐに指が思いどおりに動かせるわけではありません。5本の指がそれぞれ独立して動かせるようになるのは幼児期後半です。このように、全ての赤ちゃんは、手先が不器用なところから出発するのですが、幼児期後半にもなると、器用な子どもと不器用な子どもが出てきます。子どもの手先が不器用な場合、一つには、発達が晩熟であることが考えられます。運動発達のスピードは子どもによって違うので、この時期には器用さの差となって表れてくるのです。もう一つは、発達障害の子どもの場合です。発達障害では、本来の特徴に加えて、手先の不器用さがあることが指摘されています。

　一般には、子どもに手先の不器用さがあっても、そのうち直るだろうと楽観視していることがほとんどですが、放っておいてどうにかなるものではありません。それどころか、不器用さが深刻な場合は、製作やお絵描きなどが苦手になって、やりたがらなくなります。そして、取り組まないとますますできなくなるという悪循環に陥り、その結果、書字や描画活動そのものに自信をなくしかねません。そこで、手先の不器用な子どもほど、たくさんの手指を使う活動を行うことがポイントとなってきます。

　手指を動かすトレーニングとして、絵を描くことが大変効果的であることが分かっています。また、筆記具を使って絵を描くことは、将来の学校での書字学習に向けた準備にもなります。本書では、幼児期の手先の不器用な子どものためのトレーニングとして、たくさんの描画課題を掲載しました。是非、楽しく取り組んでみてください。

尾崎　康子

ひかりのくに

プロローグ

保育の中で気になる子への支援を!!　…不器用さを感じる子どもが多いという保育者の声をよく耳にします。

そこで本書は、特に「就学に向けての学習能力に必要な発達を促す」ための子どもの描画トレーニングとして開発したお絵描きワークブックです。

不器用な子どもが増えている！

みんなで何かをするときに、いつも時間が掛かる、あるいはきちんとできない子どもがいたら、どのように思いますか？　怠けているとか、保育者の言うことをちゃんと聞いていないと思って、子どもを叱っていませんか。しかし、怠けているのではなく、一生懸命やっていてもうまく体が動かない、思うとおりに手指が動かない子どもがいます。そのような子どもを「不器用な子ども」と呼んでいます。

不器用な子どものためには援助が必要！

最近、不器用な子どもが増えていると言われています。不器用な子どもがいたら、是非その子どもに合った援助をしてください。そのままにしておくと、不器用さは改善されないばかりか、ますます子どもは自信をなくしていきます。

このワークブックは、手先の不器用な子どもを援助するためのものです。子どもが楽しく取り組めるたくさんのワークからなっています。子どもの発達に合ったワークをするうちに、自然に手先の器用さを身に付けられるように企図されています。

手先の不器用さとは？

　幼児期における手先の不器用さとは、どのような状態を言うのでしょうか？　表1に「物の操作」や「身辺自立」の領域において見られる手先の不器用さの状態を示しました。家庭では、食事場面、着替え場面、清潔の場面で、また保育では、造形製作や描画などの製作場面において、子どもの手先の器用さの状態を観察することができます。しっかり観察すると、子どもの道具の使い方が稚拙であったり作品の出来上がりが粗雑であったりすることで、不器用さに気付くことでしょう。

表1　幼児期における手先の不器用さの問題の一覧（尾崎、2018）

	幼児期における手先の不器用さの問題
物の操作	●鉛筆やクレヨンがうまく使えない ●ハサミがうまく使えない ●のりなどを使うと手がべとべとになる ●セロハンテープがうまく切れない、貼れない ●折り紙がうまく折れない ●包装された物が開けられない ●塗り絵がきれいに塗れない
身辺自立	●スプーン・コップなどがうまく使えない、よくこぼす ●よく物を落とす、こぼす ●靴を履くのが遅い、難しい ●着替えが遅い、難しい ●ボタンをはめるのが遅い、難しい ●ファスナーを上げるのが遅い、難しい

「手指の運動」ができる標準年齢

　子どもの手先が不器用だと気付いても、それがどの程度であるかは、観察しただけでは分かりません。まず、手の運動の発達基準に照らし合わせてみましょう。表2には、手指の運動に関する各項目ができる標準年齢が示されています。この標準年齢から大幅に遅れているようなら、何らかの援助が必要です。本書でのトレーニングをしてみましょう。(さらに、子どもの発達を知りたい方は、右頁に参考として示した手先の(不)器用さのアセスメント、そしてその参考文献へと進んでみてください。)

表2　手指運動に関連する項目
出典：KIDS乳幼児発達スケール(三宅、1998)から抜粋

月齢	操作項目	生活項目
2歳0か月		衣服の脱着を自分でしたがる
2歳1か月	砂場で山を作る	
2歳3か月		服のスナップを自分で外す
2歳8か月	折り紙を半分に折ることができる	
3歳3か月	まねて十字が描ける	箸が使える
3歳5か月		自分でパジャマが着られる
3歳7か月	ハサミで簡単な形を切る	ジャンパーなどの上着を自分で着る
3歳10か月	人などを描く	顔を自分で洗う
4歳1か月		歯磨きを自分からやる
4歳2か月		入浴後、体を自分で拭く
4歳6か月	自動車・花など思った物を絵にする	
5歳2か月	経験したことを絵にする	
5歳7か月	菱形が描ける	
5歳8か月		自分で頭が洗える
6歳0か月	聞いたことを絵にする	
6歳10か月	折り紙でツルが折れる	

参考

手先の(不)器用さのアセスメント

※アセスメント＝ある事象を客観的に評価すること。査定すること。

子どもの手先の器用さの状態を調べるために、以下の「筆記具の持ち方・動き方」と「横二点課題」をしてみましょう。

①どんな持ち方をするかな？「筆記具の持ち方・動き方」

本書の描画課題は、年齢段階ごとに並べられていますが、それらが描けるようになるためには、筆記具の持ち方と動き方も発達変化していくことが必要です。

A	B	C	D	E	F	G
2指握り	3指握り	4・5指握り	指尖握り	挟み握り	回外握り	回内握り

筆記具の持ち方

幼児の筆記具の持ち方を分類すると、上図のようにA～Gまでの7種に分類することができます。

発達的には、GとFは2～3歳で多く見られ、C・D・Eはそれよりも少し後で認められるものの、どちらも5歳以降はほとんど見られなくなります。2指握りは、2～3歳では少ないですが、徐々に多くなり、5歳以降は大半の子どもが2指握りで持つようになります。Aの2指握りが最も推奨されている持ち方ですが、幼児期ではBの3指握りが一定程度見られ、子どもにとっては操作しやすい持ち方です。

筆記具の動き方

筆記具の動き方については、4歳まではほとんどが手・上腕などを動かして描いていますが、4歳以降徐々に指を動かして描くようになり、6歳ではほとんどの子どもが指を動かして描けるようになります。この指の動きができるようになると、細かい描画が可能になります。

---

②どのように描くかな？「横二点課題」

右上のキリンの見本を見せながら、「このようにパンダとパンダの間を線でつないでください。次にウサギとウサギの間、次にライオンとライオンの間を線でつないでください」と、子どもに言います。

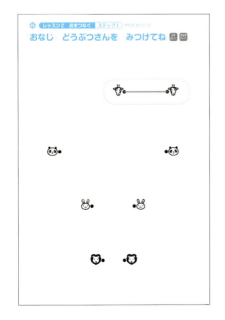

発達段階の評価

「パンダ」「ウサギ」「ライオン」3つの発達段階の合計点を下図に書き入れます。図の灰色領域内に合計点が入れば標準ですが、実線よりも下であれば標準より低いことを表しています。

下表に基づいて発達段階を評価します。

段階	描画内容	得点
1段階	紙全体や課題の上を大きくなぐり描き	1点
2段階	動物の上を塗ったり線で印を付けたりする（マーキング）	2点
3段階	2点の間に不正確な線を引くだけで、点と点を線でつながない	3点
4段階	点と点を線でつなぐ	4点

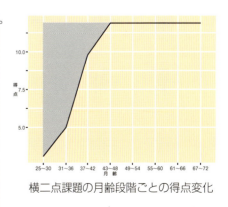

横二点課題の月齢段階ごとの得点変化

※これ以上詳しいアセスメントを行う場合は、下記の本を参照してください。
『知っておきたい気になる子どもの手先の器用さのアセスメント』尾崎康子編著（ミネルヴァ書房）

手先の器用さを育てる保育ワーク もくじ
～発達を促す、インクルーシブ保育教材～

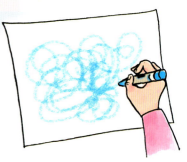

はじめに……………………………………………… 1	⑮すてきな おうちだね………………………… 31
プロローグ……………………………………… 2	⑯ぶうんぶん じどうしゃ かっこいい……… 32
不器用な子どもが増えている！………………… 2	⑰ぱんださん いっしょに あそぼう………… 33
不器用な子どものためには援助が必要！……… 2	**ステップⅢ**
手先の不器用さとは？ (幼児期における手先の不器用さの問題の一覧)…… 3	⑱ぴょこぴょこ ひよこさん かわいいね…… 34
「手指の運動」ができる標準年齢 (手指運動に関連する項目)……………………… 4	⑲あいすくりいむ どんな あじかな……… 35
参　考　手先の(不)器用さのアセスメント……… 5	⑳しゃぼんだま きれいだね………………… 36
	㉑たまいれ たのしいな はいるかな……… 37
このワークブックの使い方……………………… 8	㉒どの まかろんに しますか……………… 38
手の体操 ワークブックをする前にしてみよう！……10	㉓いろいろな ねこが いるね……………… 39
手 遊 び『はじまるよ　はじまるよ』………… 12	㉔かわいい おひめさまだね………………… 40
	ステップⅣ
解説　レッスン１　絵を塗る　について	㉕つみきで なにを つくろうかな………… 41
レッスン１に取り組む前に知っておくこと…… 13	㉖いろいろな おうちが いっぱい………… 42
ステップⅠ～Ⅴのやり方……………………… 13	㉗ろぼっとさん いっしょに あそぼう…… 43
ステップⅠ	㉘でんしゃで おでかけ たのしいな……… 44
❶ひつじさんを ふわふわに してね……… 17	㉙いろいろな じどうしゃが あるね……… 45
❷わたあめ ふわふわ おいしそう………… 18	㉚どの どうなつを たべようかな………… 46
❸もこもこ ぷうどる かわいいね………… 19	㉛おたんじょうび おめでとう なんさいですか… 47
❹おねえさん かみのけ すてきだね……… 20	㉜おいしそう どれから たべようかな…… 48
❺かたつむりさん どこに いくの………… 21	**ステップⅤ**
❻きれいな おはな いっぱいだね………… 22	㉝くつした ひとりで はけるかな………… 49
❼みっくすじゅうすを つくるよ………… 23	㉞すきな おかしは どれかな……………… 50
❽らいおんさん つよそうだね…………… 24	㉟ぷりん あいす くだものも いっぱい… 51
❾はりねずみさん ぎざぎざが ちくちく 　いたそう……………………………………… 25	㊱おこさまらんち すきな ものが 　いっぱい あるね……………………………… 52
❿おじさん おひげが もじゃもじゃ……… 26	㊲はんばあがあの うれしい せっとだよ… 53
ステップⅡ	㊳ううかんかんかん がんばれ 　しょうぼうしゃ……………………………… 54
⓫いろいろな りんごが いっぱい………… 27	㊴ちからもちの しょべるかあだね……… 55
⓬かわいい おはなが さいたよ…………… 28	㊵かっこいい れえしんぐかあ のってみたいね… 56
⓭ろぼっとさん ともだちに なろう……… 29	㊶いろいろな しんかんせんが あるね…… 57
⓮がたごと でんしゃ のりたいね………… 30	㊷すてきな おひめさま……………………… 58
	㊸わたしも おひめさまに なりたいな…… 59
	㊹ひなまつり おひなさまを かざりましょう… 60

解説　レッスン2　点をつなぐ　について

レッスン2に取り組む前に知っておくこと…… 61
ステップⅠ～Ⅲのやり方…………………………… 61

ステップⅠ

(45)おなじ　どうぶつさんを　みつけてね……… 63
(46)おなじ　どうぶつさんが　したに　いるよ… 64
(47)くるまで　おみせまで　おかいもの………… 65

ステップⅡ

(48)いっぱい　つなげてね…………………………… 66

ステップⅢ

(49)しかくの　まどを　かいてね…………………… 67
(50)さんかくの　まどを　かいてね………………… 68

解説　レッスン3　線を引く　について

レッスン3に取り組む前に知っておくこと…… 69
ステップⅠ～Ⅲのやり方…………………………… 69

ステップⅠ

(51)くるまに　のって　おじいちゃんの　いえに おでかけ…………………………………………… 71
(52)たのしかったね　おうちに　かえるよ……… 72
(53)がんばって　のぼろう　やまのぼり………… 73
(54)もぐらさんを　おうちに　かえしてあげてね… 74

ステップⅡ

(55)えきに　むかって　しゅっぱつ　しんこう… 75
(56)じぐざぐ　はいきんぐ　たのしいな………… 76
(57)ぐるぐる　まるい　みちだね………………… 77
(58)かくかく　しかくい　みちだよ……………… 78
(59)ねずみさんが　ちいずを　ねらっているよ… 79
(60)くねくね　へんな　みちだね………………… 80
(61)かいぞくが　たからものを　さがしているよ… 81

ステップⅢ

(62)ごうるを　めざして　ぶっとばせ…………… 82
(63)たからものの　ちずが　できたよ…………… 83
(64)めいろを　ぬけて　ごうるいん……………… 84

解説　レッスン4　点線をなぞる　について

レッスン4に取り組む前に知っておくこと…… 85
ステップⅠ～Ⅲのやり方…………………………… 85

ステップⅠ

(65)すきなものの　ところまで　いきたいな…… 87
(66)あめを　ふらせて　おみずを　あげよう…… 88
(67)かだんの　おはなの　くきを　かいてね…… 89

ステップⅡ

(68)まがりかどの　おおい　みちを　どらいぶしよう… 90
(69)いろいろな　おみせへ　くるまで　おかいもの… 91
(70)かえるさん　ぴょんぴょん　どこ　いくの?… 92
(71)ぐるぐる　ぐるぐる　うずまき……………… 93
(72)はちの　じ　こおすを　うんてん　できるかな?… 94
(73)にんじん　みつけた　まてまてえ…………… 95
(74)まんまるの　ばらんす　ぼおる……………… 96

ステップⅢ

(75)ふんわり　まあるい　ふうせん……………… 97
(76)いろいろな　かたちの　くっきいを　つくろう… 98
(77)どんどん　つながる　きしゃぽっぽ………… 99
(78)ちいずと　さらみを　ぴざに　とっぴんぐしよう…100

解説　レッスン5　まねして描く　について

レッスン5に取り組む前に知っておくこと……101
ステップⅠ～Ⅲのやり方……………………………101

ステップⅠ

(79)ちょうちょうが　はなから　はなへ とんで　いくね………………………………………103
(80)いるかさんが　じゃんぷしながら　およぐよ…104
(81)かえるさん　はっぱの　うえを ぴょん　ぴょん　ぴょん……………………………105
(82)しゃぼんだまを　いっぱい　とばそう………106
(83)あいすくりいむ　だいすき　だぶるで おねがいします……………………………………107
(84)ゆきだるまを　つくろう………………………108

ステップⅡ

(85)まんまる　おだんご　いっぱい　たべたいね…109
(86)おはなを　きれいに　さかせてね……………110
(87)きしゃの　まどから　どんな　けしきが みえるかな? ……………………………………111
(88)うさぎさんの　だいすきな　にんじん たくさん　ほしいな………………………………112
(89)かぜの　ちからで　よっとが　すすむよ……113

ステップⅢ

(90)すいかが　いっぱい　たねも　いっぱい……114
(91)ぱあてぃだよ　くらっかあ　ぱあん! ………115
(92)いろいろな　かたち　つづけて かけるかな? ……………………………………116
(93)よこに　せんを　かこう………………………117
(94)たてに　せんを　かこう………………………118
(95)たてと　よこに　せんを　かこう……………119
(96)ななめに　せんを　かこう……………………120
(97)くるんと　せんを　かこう……………………121
(98)きれいな　まんまるを　かこう………………122
(99)きれいな　さんかくを　かこう………………123
(100)きれいな　ひしがたを　かこう………………124

このワークブックの使い方

ワークブックのすすめ方

　本ワークブックは、描画作業が異なるレッスン1からレッスン5までの5つのレッスンで構成されています（表3）。また、各レッスンでは、手指運動の発達に基づいて作成された描画課題が、年齢段階ごとにステップに分けられています。

　各描画課題には、年齢の目安があります。<u>年齢の目安は、目標通り正確に描けることを示しているのではなく、描画作業の塗る、点をつなぐなどが理解でき、それが実施できる典型発達の年齢を表しています</u>。そして、手先の不器用な子どもができるようになる年齢は、それよりも遅くなります。例えば、年齢の目安が「4歳〜」と示されていても、手先の不器用な子どもは4歳になっても上手にできません。正確にできるようになるのは「5歳〜」あるいは「6歳〜」かもしれません。したがって、手先の不器用な子どもには、年齢の目安にこだわらず、子どもの発達状況に合わせて実施してください。

　各レッスンでは、このように発達順にステップが設定されていますので、ステップの順番に沿って進んでください。描画課題を進めていくうちに、だんだん手先が動くようになり、細かく描くことができるようになります。

　また、レッスンによって最小の年齢の目安が異なり（表3）、レッスンが進むにつれて概ね課題が難しくなっていきます。しかし、レッスン1から順番に進めるのではなく、お子さんの発達段階に相当しているものであれば、例えば、レッスン2とレッスン3を同時期に行うというように複数のレッスンを並行して進めてください。

　レッスンのねらいややり方は、レッスンの最初に書かれていますので、必ず目を通してから行うようにします。

描画作業について

　レッスン1からレッスン5は、描画作業ごとに分かれています（表3）。レッスン1は「絵の上をなぐり描き」と「絵を塗る」、レッスン2は「点と点を線でつなぐ」、レッスン3は「二本線の間に線を引く」レッスン4は「点線をなぞる」、レッスン5は「手本をまねして描く」です。

表3　レッスンの構成と年齢の目安

レッスン	描画作業	年齢の目安
レッスン1 絵を塗る	絵の上を なぐり描き	2歳〜
	絵を塗る	
レッスン2 点をつなぐ	点と点を 線でつなぐ	3歳〜
レッスン3 線を引く	二本線の間に 線を引く	3歳〜
レッスン4 点線をなぞる	点線をなぞる	3歳〜
レッスン5 まねして描く	手本を まねして描く	4歳〜

注）年齢の目安は典型発達の子どもができる年齢を表しています。手先の不器用な子どもはこれよりも遅くなります。

画材について

　年少の子どもは、細かい手の動きができません。そこで、目安の年齢が低い描画課題では、絵柄が大きく、手の大きな動きでも描けるようになっています。この時に用いる画材としては、持ち手と筆先が太いクレヨンやカラーペンなどが適しています。それに対して、目安の年齢が高くなるほど、絵柄は細かくなり、細かい手指の動きをしないと描けません。そこで、年長の子どもには、細かい絵が描ける細めのカラーペンや鉛筆が適しています。表4に画材の種類とそれを使うおおよその年齢の目安を示します。

　また、本ワークブックでは、各描画課題で使用する画材が表4のマークで示されています。これらはあくまで目安ですので、これと全く同じものである必要はありません。しかし、子どもの筆記具操作や描画の発達に合わない画材を用いると、子どもはうまく描けません。描画ワークをする際には、適切な画材を選ぶことがかなり重要なポイントとなってきますので、推奨されている画材を参考にして適切な画材を使用するようにしてください。

表4　画材と年齢の目安

画材とそのマーク		年齢の目安
クレヨン	クレヨン	2歳～
太字カラーペン（ペン先 約3mm）	太字カラーペン	2歳半
中太字カラーペン（ペン先 約2mm）	中太字カラーペン	3歳～
中字カラーペン（ペン先 約1.5mm）	中字カラーペン	3歳半～
全芯色鉛筆	全芯色鉛筆	3歳半～
色鉛筆	色鉛筆	4歳～
鉛筆	鉛筆	4歳～
細字カラーペン（ペン先 約1mm）	細字カラーペン	4歳半～

注）年齢の目安は典型発達の子どもができる年齢を表しています。手先の不器用な子どもはこれよりも遅くなります。

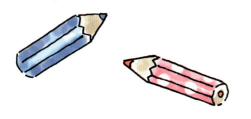

ワークブックをする前にしてみよう！

手の体操

ねらい

絵や図形を描くには、筆記具を持つ手指を動かす必要がありますが、幼児は手や指を思いどおりに動かすことができないために、絵や図形がうまく描けないことがあります。ワークに取り組む前に、指がスムーズに動くように手の体操をしましょう。

発達の目安

手の体操ができるようになる、おおよその発達の目安を下表に示します。これは保育者（大人）が手本を示したときにできる年齢であり、自分の意思で動かせるのはもう少し大きくなってからです。また、「B.グーチョキパー」は指を動かすだけの目安であり、じゃんけんのルールが分かって使うのはもっと後になります。なお、手先の不器用な子どもができるようになるのは、これよりも遅くなります。

手の体操の種類	できるようになる年齢の目安
A.グーパー	2歳
B.グーチョキパー	3歳
C.指を順に折る	5歳半
D.指を順に開く	6歳以上

指導のポイント

保育者（大人）は子どもと向かい合って手本を見せ、子どもにまねさせます。子どもが正確にできなくてもかまいません。子どもと一緒に楽しく取り組むことが大事です。続けているうちに、やがてできるようになるでしょう。

A.グーパー

保育者（大人）は「グーパー」「グーパー」とリズミカルに言いながら、楽しくやって見せます。子どもが喜んでやるなら、何回か続けるとよいでしょう。

B.グーチョキパー

保育者（大人）は「グー、チョキ、パー」とリズミカルに言いながら、楽しくやって見せます。子どもが喜んでやるなら、「グー、チョキ、パー」「グー、チョキ、パー」で（右手と左手でぐるぐる巻きながら）「じゃんけんぽん」と言って、じゃんけんをしてみます。子どもがじゃんけんを正確にできなくても、じゃんけんの動作そのものを楽しむことでかまいません。

C.指を順に折る　D.指を順に開く

どちらの場合も、保育者（大人）は指を1本折ったり伸ばしたりするたびに「1、2…5」とリズムを付けて数を数えながら、楽しくやって見せます。

※手の体操は、ほかにもいろいろと考えられます。下の囲み内をヒントに、オリジナルの体操を考えて子どもたちと楽しめるといいですね。

※P.12の『はじまるよ　はじまるよ』は、全ての指を動かす手遊びです。テーマソングにしてもよいでしょう。

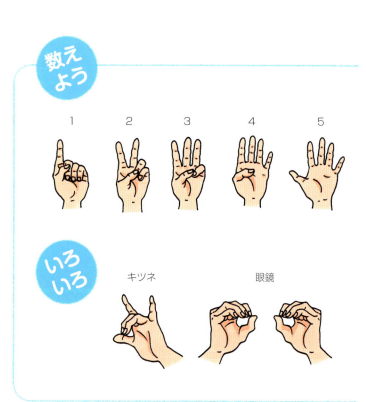

A. グーパー

B. グーチョキパー

C. 指を順に折る

D. 指を順に開く

ゲーム

「指1本」と言ったら…

「指2本」と言ったら…

指と指を合わせる

親指とほかの指を順番に合わせていきます。

描画ワークを始める前のテーマソングとしてお勧め

手遊び まず手指を動かして準備する意味で

『はじまるよ　はじまるよ』
作詞・作曲　不詳

1.〜5. はじまるよ　はじまるよ　はじまるよったら　はじまるよ

	1	2	3	4	5
歌詞	いちと いちで	にーと にーで	さんと さんで	よんと よんで	ごーと ごーで
	にんじゃだよ	かにさんだよ	ねこのひげ	たこのあし	てはおひざ
	「ドローン」	「チョキーン」	「ニャオーン」	「ヒューン」	

1番

① はじまるよ　はじまるよ
はじまるよったら　はじまるよ

左右で3回ずつ手をたたく。
2回繰り返す。

② いちと　いちで

人さし指を片方ずつ出す。

③ にんじゃだよ

忍者が変身するポーズをする。

④ 「ドローン」

横に振る。

2番

① はじまるよ　はじまるよ
はじまるよったら　はじまるよ

左右で3回ずつ手をたたく。
2回繰り返す。

② にーと　にーで

2本の指を立て、片方ずつ出す。

③ かにさんだよ

カニのハサミの形で左右に振る。

④ 「チョキーン」

切るしぐさをする。

3番

① はじまるよ　はじまるよ
はじまるよったら　はじまるよ

左右で3回ずつ手をたたく。
2回繰り返す。

② さんと　さんで

3本の指を立て、片方ずつ出す。

③ ねこのひげ

頬でネコのひげを作る。

④ 「ニャオーン」

招き猫の手をする。

4番

① はじまるよ　はじまるよ
はじまるよったら　はじまるよ

左右で3回ずつ手をたたく。
2回繰り返す。

② よんと　よんで

4本の指を立て、片方ずつ出す。

③ たこのあし

体の前でゆらゆらと手を揺らす。

④ 「ヒューン」

横に飛んでいくように振る。

5番

① はじまるよ　はじまるよ
はじまるよったら　はじまるよ

左右で3回ずつ手をたたく。
2回繰り返す。

② ごーと　ごーで

5本の指を立て、片方ずつ出す。

③ てはおひざ

両手を膝の上に置く。

解説 レッスン1 絵を塗るについて

レッスン1に取り組む前に知っておくこと

レッスン1のステップ	課 題	年齢の目安
ステップⅠ	課題❶〜❿	2歳〜
ステップⅡ	課題⓫〜⓱	2歳半〜
ステップⅢ	課題⓲〜⓴	3歳〜
ステップⅣ	課題㉕〜㉜	3歳半〜
ステップⅤ	課題㉝〜㊹	4歳〜

描画課題の種類

レッスン1は塗り絵課題です。描画作業としては、絵柄の中を塗りつぶすことになりますが、幼児期初期の子どもは、まだ塗り絵を塗ることができません。発達的には、まず紙全体になぐり描きをし、次に絵の上をなぐり描きあるいは絵の中にポインティングをするなどの経過を経て、概ね3歳以降にようやく絵柄の中を塗ることができるようになります。そこで、レッスン1では、最初は、塗り絵の絵柄を塗りつぶすのではなく、なぐり描きやポインティングをすることから始めます。

ねらい

絵柄の中を塗る塗り絵は、決して意味のない単純作業ではありません。絵柄を頭の中にイメージしながら、手指を動かして塗っていくことは、前頭葉を活性化させる活動になります。しかも、子どもにとって、塗り絵は楽しく取り組んでいるうちに手指が動くようになる最良の手指運動トレーニングになります。

したがって、レッスン1のねらいは、発達に沿って構成された塗り絵課題を順番に取り組むことによって、巧緻な手指の動きができるようになることです。

年齢の目安

子どもに塗り絵を与える時には、子どもの手指運動の発達や認知発達に合わせた絵柄を用いることによって、手指運動トレーニングはより効果的になります。

レッスン1は、発達順にステップⅠからステップⅤに分けられています。そして、上の表には、各ステップの典型発達の年齢の目安が書かれていますので、実施にあたっては、子どもの年齢相当のステップから始め、それができたら次のステップへと進んでいきます。

手先が不器用な子どもができるのは、表の年齢の目安よりも遅くなります。そこで、<u>手先が不器用な子どもは、年齢にかかわらず、ステップⅠから始めます</u>。そして、そのステップができるようになったら、次のステップに進みます。

レッスン1 ステップⅠのやり方

ステップ	課題	年齢の目安	作業	画材
レッスン1 ステップⅠ	課題❶〜❿	2歳〜	絵の上をなぐり描き	クレヨン 太字カラーペン

子どもへの言葉掛け

子どもが描きたくなるように声掛けします。例えば、課題❶では、
「ヒツジさんを、ふわふわに描いてあげよう。」
また課題❺では、
「カタツムリさんを、ぐるぐる描いてみよう。」

指導のポイント

ステップⅠの課題❶〜❿は、なぐり描き段階の子どものための塗り絵課題です。子どもが形を描けるようになるには、その前にたくさんなぐり描きをすることが有効です。たくさんなぐり描きをすることによって画材にも慣れ、画材を持つ手も確かになっていきます。やがて、なぐり描きをした線を意識したり、なぐり描きの中に形を見つけ出すことができれば、形を描くことにつながっていきます。

課題❶〜❹は、画材をもって絵を描く経験が乏しい子ども、そして絵柄にかかわらず手を動かして描くだけの子どものための課題です。紙全体をなぐり描きしたり、絵柄の上をめがけてなぐり描きすることが経験できるようになっています。そして、これらの塗り絵課題では、なぐり描きをしても仕上がりが素敵な絵になるように考えられています。まだ形が描けない子どもでも、なぐり描きしたものが素敵な絵に描きあがるのを楽しみます。

課題❺〜❿は、意図的に線が描けるように促すための塗り絵課題です。これらの塗り絵課題には、うずまきの線やギザギザの線が描かれています。「カタツムリさんをぐるぐる描いてみよう」とか「ライオンさん、ぎざぎざに描いてみよう」などと声掛けをして、線を意図的に描くように促します。きれいなぐるぐる線やギザギザ線が描けなくてもかまいません。まだ形が描けない子どもでも、カタツムリやお花などが描けたと子どもが満足することを大切にします。

年齢の目安

典型発達の子どもができるようになるのはおおよそ2歳からです。しかし、手先の不器用な子どもができる年齢はこれよりも遅くなります。手先の不器用な子どもは、年齢にかかわらずこのステップⅠから始めます。

描画作業

ステップⅠの描画作業は、絵の上をなぐり描きすることです。なお、年長の子どもがする場合は、塗ったり、線を描いたりなど自由に描きます。

画材

ステップⅠの描画課題で使う画材としては、クレヨンあるいは太字カラーペンが適しています。

レッスン1　ステップⅡのやり方

ステップ	課題	年齢の目安	作業	画材
レッスン1 ステップⅡ	課題 ⓫～⓱	2歳半～	絵の上をなぐり描き　絵を塗る	クレヨン　太字カラーペン

子どもへの言葉掛け

子どもが描きたくなるように声掛けします。例えば、課題⓫では、
「いろいろなリンゴがいっぱいあるね。リンゴをぐるぐる塗って、おいしそうにしてね。」

指導のポイント

ステップⅡの課題⓫～⓱は、まだなぐり描き段階であっても、意図的に線を描き始めた子どものための塗り絵課題です。塗り絵の絵柄は、塗りやすい円などの形から構成されています。この段階の子どもは、まだ意図的に形を描くことは難しく、また、絵柄を塗りつぶすこともできません。ステップⅡでは、絵柄の中や上にぐるぐる線やギザギザ線を描いて楽しみます。絵柄の外に大きくはみ出してもかまいません。子どもが、自分一人では描けない絵柄であっても、その絵柄の上に線で描きつぶすことによって「描けた！」と満足することを大切にします。

2歳半では、絵柄の中を塗ること自体がまだ分からない子どもが多いです。そのような子どもには、課題のページの右下に小さな絵柄が描かれていますので、これを大人が塗って見せて、塗ることの手本を子どもに示します。子どもはこの手本をまねすることによって、絵柄を塗るとはどういうことかを学んでいきます。ただし、いくら手本を示したからと言って、子どもは大人と同じようにきれいに塗ることはできないことに留意してください。

年齢の目安

典型発達の子どもができるようになるのはおおよそ2歳半からです。しかし、手先の不器用な子どもができる年齢はこれよりも遅くなります。手先の不器用な子どもは、年齢にかかわらずステップⅠから始め、次にこのステップⅡに進みます。

描画作業

ステップⅡの描画作業は、絵柄の中や上をぐるぐる線やギザギザ線で描くことです。それを何度もすると絵柄が塗れてきますので、作業としてはちょうど「なぐり描き」と「塗る」の中間です。どちらにしても、まだ面塗りはできません。塗り残しや塗り過ぎがかなり沢山ありますが、きれいに塗ることを強制しません。線を描くこと自体を楽しみます。

画材

ステップⅡの描画課題で使う画材としては、クレヨンあるいは太字カラーペンが適しています。

レッスン1　ステップⅢのやり方

ステップ	課題	年齢の目安	作業	画材
レッスン1 ステップⅢ	課題 ⓲～㉔	3歳～	絵を塗る	クレヨン　太字カラーペン　中太字カラーペン

子どもへの言葉掛け

子どもが描きたくなるように声掛けします。例えば、課題⓲では、
「ヒヨコさんがたくさんいるね。色を塗って、かわいいヒヨコさんにしてみよう。」

指導のポイント

ステップⅢの課題⓲～㉔は、絵柄を塗ることが分かり始めた子どものための塗り絵課題です。塗り絵の絵柄は、ステップⅡよりも小さくなっています。ステップⅡでは、絵柄の中や上をぐるぐる線やギザギザ線で描いていましたが、ステップⅢからは、少しずつ絵柄の中を塗りつぶすことができるようにします。

しかし、3歳では、絵柄の中を塗ることが分かるようになっても、絵柄をきれいに塗ることはできません。絵柄からはみ出す塗り過ぎや絵柄の中の塗り残しがかなりあります。

そこで、ステップⅢでも課題の下の方に小さな絵柄が描かれていますので、これを大人が塗って見せて、塗ることの手本を子どもに示します。手本をまねすることによって、絵柄をきれいに塗るとはどのようなことかを学んでいきます。もちろん、大人がきれいに塗った手本を見せても、手本と同じようにきれいに塗ることができないことに留意してください。子どもの能力以上にきれいに塗ることを強要してはいけません。きれいに塗ることにこだわらず、子どもが楽しく取り組めることを大事にします。大人が手本を塗るときには、むしろ子どもと一緒に塗ることを楽しむという気持ちで臨むといいでしょう。

なお、何度か繰り返して取り組む場合には、大人が「この○○は何色がいいかな」などと声を掛けて、子どもがいろいろな色に塗るように促します。子どもに色を注目させる良い機会になります。

年齢の目安

典型発達の子どもができるようになるのはおおよそ3歳からです。しかし、手先の不器用な子どもができる年齢はこれよりも遅くなります。手先の不器用な子どもは、年齢にかかわらずステップⅠから始め、ステップⅡ、ステップⅢと進みます。

描画作業

ステップⅢの描画作業は、絵を塗ることです。絵柄の中をきれいに塗ることを求めるものではありません。塗り残しや塗り過ぎがかなりあると思います。絵柄をきれいに塗ることよりも、絵柄を塗りつぶすこと自体の活動を楽しみます。

画材

ステップⅢの描画課題で使う画材としては、クレヨン、太字カラーペン、中太字カラーペンが適しています。

レッスン1　ステップⅣのやり方

できるようになった子どものための塗り絵です。絵柄は、ステップⅢよりもさらに小さく細かくなっています。3歳半では、絵柄の中を塗ることが分かり、きれいに塗ることを意図するようになっています。しかし、きれいに塗ろうとしても、まだ塗り残しや塗り過ぎはたくさんあります。子どもはそれでも満足しています。絵柄をイメージしながら塗りつぶすことを楽しみます。

ステップⅢまでは、大人が塗る手本を示しましたが、ステップⅣでは子どもが絵柄の中を塗れるようになっているので、大人が主導するのではなく、子どもが自ら取り組むことを大事にします。ステップⅣからは、大人の役割は、子どもが塗るのを横で見守ることです。そして、例えば、「おうちみたいだね」「かっこいいね」などと言って、子どもと気持ちを共有します。この段階では、とてもきれいに塗れるわけではありません。塗り過ぎや塗り残しが結構目立ちますが、子どもが懸命に取り組んだことを評価して、「きれいに塗れたね」と褒める言葉も忘れずに言ってあげます。ステップⅣになると、最初から絵柄の色を変えて塗る子どももいます。何回か繰り返し実施する場合は、絵柄の色を変えることによって、絵の雰囲気が変わるのを楽しみます。

年齢の目安

典型発達の子どもができるようになるのはおおよそ3歳半からです。しかし、手先の不器用な子どもができる年齢はこれよりも遅くなります。手先の不器用な子どもは、年齢にかかわらずステップⅠから始め、ステップⅣまで順次進みます。

描画作業

ステップⅣの描画作業は、絵を塗ることです。絵柄をきれいに塗ることよりも、絵柄を塗りつぶすこと自体の活動を楽しみます。

画材

ステップⅣの描画課題で使う画材としては、中太字カラーペン、中字カラーペン、全芯色鉛筆が適しています。

ステップ	課題	年齢の目安	作業	画材
レッスン1 ステップⅣ	課題 ㉕〜㉜	3歳半〜	絵を塗る	中太字カラーペン 中字カラーペン 全芯色鉛筆

子どもへの言葉掛け

子どもが描きたくなるように声掛けします。例えば、課題㉕では、
「三角、四角、丸、いろいろな形の積み木があるね。いろいろな色で塗ってみよう。」

指導のポイント

ステップⅣの課題㉕〜㉜は、絵柄の中を塗りつぶすことが

レッスン1　ステップⅤのやり方

ステップ	課　題	年齢の目安	作　業	画　材
レッスン1 ステップⅤ	課題 ㉝〜㊹	4歳〜	絵を塗る	中字カラーペン／全芯色鉛筆／色鉛筆

子どもへの言葉掛け

子どもが描きたくなるように声掛けします。例えば、課題㉝では、
「いろいろな模様の靴下があります。靴下の模様をきれいに塗ってね。」

指導のポイント

ステップⅤの課題㉝〜㊹は、絵柄の中をきれいに塗りつぶすことを目指すようになった子どものための塗り絵です。ステップⅤでは、ステップⅣよりもさらに絵柄が細かくなります。4歳を過ぎると、指を動かして筆記具を操作し、細かい絵柄を塗ることができるようになります。したがって、ステップⅤでは、絵柄をきれいに塗ることが目標となり、子どもはきれいに塗れることが楽しみになります。大人に「きれいに塗れたね」と褒めてもらえるとうれしいですが、褒めてもらわなくても、きれいに塗ることに集中して、その結果が良ければ、それに満足するようになります。模様が細かく塗れるか、絵柄に合わせて色を塗れるか、模様の色を工夫できるかなどの目標を持って行います。

年齢の目安

典型発達の子どもができるようになるのはおおよそ4歳からです。しかし、手先の不器用な子どもができる年齢はこれよりも遅くなります。手先の不器用な子どもは、年齢にかかわらずステップⅠから始め、ステップⅤまで順次進みます。

描画作業

ステップⅤの描画作業は、絵を塗ることです。ステップⅤではきれいに塗ることを目標に塗り絵に取り組みます。ただし、4歳ではまだ完璧にきれいに塗ることは難しいです。少しは塗り残しや塗り過ぎが見られます。しかし、子どもは完璧に塗れなくてもとてもきれいに塗れたと満足するでしょう。大人は子どもの喜びを一緒に共有します。

画材

ステップⅤの描画課題で使う画材としては、中字カラーペン、全芯色鉛筆、色鉛筆が適しています。

①  レッスン1　絵を塗る　ステップI　やり方 13ページ

ひつじさんを　ふわふわに　してね

❷ レッスン1　絵を塗る　ステップⅠ　やり方 13ページ

わたあめ　ふわふわ　おいしそう　クレヨン　太字カラーペン

③ レッスン1　絵を塗る　ステップⅠ　やり方 13ページ

もこもこ　ぷうどる　かわいいね

④ レッスン1　絵を塗る　ステップⅠ　やり方 13ページ

おねえさん　かみのけ　すてきだね

⑤ レッスン1　絵を塗る　ステップI　やり方 13ページ

かたつむりさん　どこに　いくの

⑥ レッスン1　絵を塗る　ステップI　やり方 13ページ

きれいな　おはな　いっぱいだね

⑦ レッスン1　絵を塗る　ステップⅠ　やり方 13ページ

みっくすじゅうすを　つくるよ

⑧ レッスン1　絵を塗る　ステップⅠ　やり方 13ページ

らいおんさん　つよそうだね

⑨ レッスン1　絵を塗る　ステップⅠ　やり方13ページ

はりねずみさん　ぎざぎざが　ちくちく いたそう クレヨン 太字カラーペン

⑩ レッスン1　絵を塗る　ステップⅠ　やり方 13ページ

おじさん　おひげが　もじゃもじゃ

⑪ レッスン1　絵を塗る　ステップⅡ　やり方14ページ

いろいろな　りんごが　いっぱい

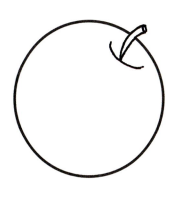

⑫ レッスン1　絵を塗る　ステップⅡ　やり方14ページ

かわいい　おはなが　さいたよ

⑬ レッスン1　絵を塗る　ステップⅡ　やり方 14ページ

ろぼっとさん　ともだちに　なろう

⑭ レッスン1　絵を塗る　ステップⅡ　やり方 14ページ

がたごと　でんしゃ　のりたいね

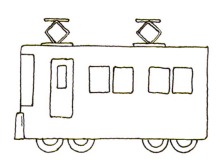

15 レッスン1 絵を塗る ステップⅡ やり方 14ページ

すてきな おうちだね

ぶうんぶん　じどうしゃ　かっこいい

⑰ レッスン1　絵を塗る　ステップⅡ　やり方14ページ

ぱんださん　いっしょに　あそぼう

⑱ レッスン1　絵を塗る　ステップⅢ　やり方 14ページ

ぴょこぴょこ　ひよこさん　かわいいね

⑲ レッスン1　絵を塗る　ステップⅢ　やり方14ページ

あいすくりいむ　どんな　あじかな

しゃぼんだま　きれいだね

㉑ レッスン1 絵を塗る ステップⅢ やり方 14ページ

たまいれ たのしいな はいるかな

㉒ レッスン1　絵を塗る　ステップⅢ　やり方 14ページ

どの　まかろんに　しますか

㉓ レッスン1　絵を塗る　ステップⅢ　やり方14ページ

いろいろな ねこが いるね

かわいい おひめさまだね

㉕ レッスン1　絵を塗る　ステップⅣ　やり方 15ページ

つみきで　なにを　つくろうかな

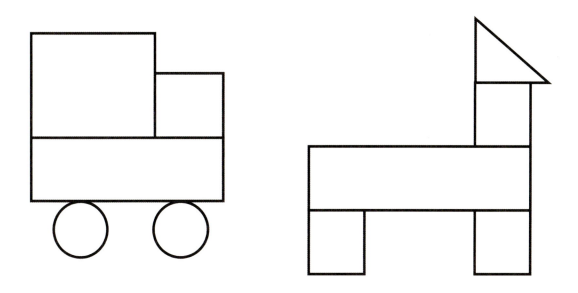

㉖ レッスン1　絵を塗る　ステップⅣ　やり方 15ページ

いろいろな　おうちが　いっぱい

㉗ レッスン1　絵を塗る　ステップⅣ　やり方 15ページ

ろぼっとさん　いっしょに　あそぼう

でんしゃで おでかけ たのしいな

いろいろな　じどうしゃが　あるね

どの どうなつを たべようかな

おたんじょうび　おめでとう　なんさいですか

32 レッスン1　絵を塗る　ステップⅣ　やり方 15ページ

おいしそう　どれから　たべようかな

㉝ レッスン1　絵を塗る　ステップⅤ　やり方 16ページ

くつした　ひとりで　はけるかな

すきな おかしは どれかな

㉟ レッスン1　絵を塗る　ステップⅤ　やり方 16ページ

ぷりん　あいす　くだものも　いっぱい

おこさまらんち
すきな ものが いっぱい あるね

㊲ レッスン1　絵を塗る　ステップⅤ　やり方 16ページ

はんばあがあの　うれしい　せっとだよ

うう　かんかんかん　がんばれ　しょうぼうしゃ

㊴ レッスン1　絵を塗る　ステップⅤ　やり方 16ページ

ちからもちの　しょべるかあだね

かっこいい　れえしんぐかあ　のってみたいね

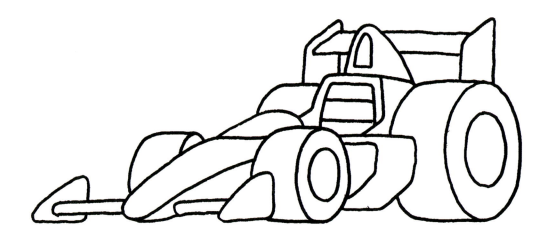

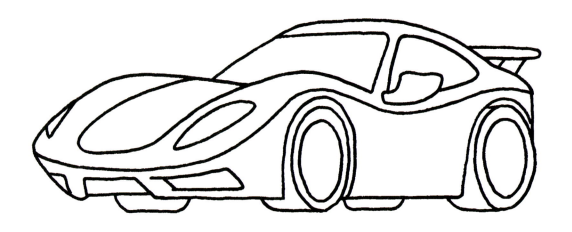

㊶ レッスン1　絵を塗る　ステップⅤ　やり方 16ページ

いろいろな　しんかんせんが　あるね

42 レッスン1　絵を塗る　ステップⅤ　やり方 16ページ

すてきな　おひめさま

㊸ レッスン1　絵を塗る　ステップⅤ　やり方16ページ

わたしも　おひめさまに　なりたいな

ひなまつり おひなさまを かざりましょう

解説 レッスン2 点をつなぐ について

レッスン2に取り組む前に知っておくこと

レッスン2のステップ	課題	年齢の目安
ステップⅠ	課題❹❺〜❹❼	3歳〜
ステップⅡ	課題❹❽	3歳半〜
ステップⅢ	課題❹❾〜❺⓿	4歳〜

描画課題の種類

　レッスン2は、点と点を線でつなぐ点つなぎ課題です。幼児期初期の子どもは、意図的に線を引くことができません。そこで、線を引く練習として、この点つなぎ課題をします。この課題では、線の起点と終点が黒点で描かれているので、どこに線を引けばいいかが分かる比較的やさしい課題です。これらの課題は、手指のコントロールが求められると同時に、形の認識ができるかどうかもポイントになってきます。

ねらい

　子どもが初めて画材を使って描くのは1歳半〜2歳くらいです。最初は、手の動きによって自然に描かれた線であり、紙の上を縦横無尽に描かれますが、その後、自分の意思で手指をコントロールして線を描くようになります。レッスン2は、点と点を結んで線を引く課題であり、自分の意思で手指をコントロールして描くための最初の課題として適しています。これが、ゆくゆくは字を書くことにつながります。大人にとっては、簡単な課題のように思えますが、2歳代ではまだできないことも多く、3歳を過ぎるとできるようになっていきます。できない場合でも、あせらずに何度かチャレンジしてみましょう。

年齢の目安

　2つの点を線でつなぐことは、線を引く課題の中では比較的やさしい課題になります。しかし、2歳代では、2点を結ばずに動物をマーキングするだけ、点と点を結ばすその中央に短い線を書くだけ、点と点を結ぶけれど途切れ途切れだったり、大変曲がっていたりと、なかなか2点を直線でしっかりと結ぶことができません。3歳になるとようやくできるようになります。点つなぎ課題では、子どもの手指運動の発達や認知発達に合わせた絵柄を用いることによって、手指運動トレーニングはより効果的になります。

　レッスン2は、それらを考慮して発達順にステップⅠから

ステップⅢに分けられています。そして、左の表には、各ステップの典型発達の年齢の目安が書かれていますので、実施にあたっては、子どもの年齢相当のステップから始め、それができたら次のステップへと進んでいきます。手先の不器用な子どもができるのは、表の年齢の目安よりも遅くなります。そこで、<u>手先の不器用な子どもは、年齢にかかわらず、ステップⅠから始めます</u>。そして、そのステップができるようになったら、次のステップに進みます。

レッスン2　ステップⅠのやり方

ステップ	課題	年齢の目安	作業	画材
レッスン2 ステップⅠ	課題❹❺〜❹❼	3歳〜	点と点を線でつなぐ	太字カラーペン／中太字カラーペン

子どもへの言葉掛け

　最初に、子どもにやり方を以下のように説明しながら、灰色の線の上を描いてみせます。例えば、課題❹❺では、「(動物を指でさしながら)同じ動物さんが、こことここにいるね。私がやるから見ていてね(右上の囲み部分のキリンとキリンを線でつないで見せる)。今度は○○ちゃんが(指でさしながら)パンダさんとパンダさんを線でつないでね。」

指導のポイント

　ステップⅠの課題❹❺〜❹❼は、線を意図的に描けるようになった子どものための描画課題であり、点と点を線でつなぐ課題です。ステップⅠは、比較的やさしい課題で、3歳前後からできるようになります。しかし、3歳以前では、点と点をつなぐことができずに、なぐり描き、動物の上をマーキング、動物と動物の間の所にマーキングなどをする子どもが多くいます。そのような場合も、子どもの発達段階に応じて取り組んだ結果ですから、正しいやり方を強要するのではなく、「○○ちゃん、描けたね」と言って、取り組んだこと自体を評価します。その後、繰り返し練習することによって、この課題ができるようにしていきます。

年齢の目安

　典型発達の子どもができるようになるのはおおよそ3歳からです。しかし、手先の不器用な子どもができる年齢はこれよりも遅くなります。手先の不器用な子どもは、年齢にかかわらずこのステップⅠから始めます。

描画作業

　ステップⅠの描画作業は、点と点を線でつなぐことです。

画材

　ステップⅠの描画課題で使う画材としては、太字カラーペンあるいは中太字カラーペンが適しています。

レッスン2　ステップⅡのやり方

ステップ	課　題	年齢の目安	作　業	画　材
レッスン2 ステップⅡ	課題❹❽	3歳半〜	点と点を線でつなぐ	中太字カラーペン／中字カラーペン

子どもへの言葉掛け

　最初に、子どもにやり方を以下のように説明しながら、灰色の線の上を描いてみせます。例えば、課題❹❽では、「これから点と点を線でつなぎます。最初に、私がやるから見ていてね（上段左の灰色の線上に、点と点を線でつないで見せる）。今度は○○ちゃんが、点と点を線でつなげてみてください。」

指導のポイント

　ステップⅡの課題❹❽では、ステップⅠよりも細かい手指の動きが求められ、またそれをコントロールする力が必要とされます。また、年齢の高めの子どもでも、やり方が分からないことがあるので、最初は大人がやってみせます。
　課題❹❽では、様々に配置された点をつなげて、横線、縦線、斜め線を引きます。点と点をつなぐことによって、様々な方向の線を引く体験をすることができます。また、全部線を引くと、大きなキャンバスにきれいに並び、描いた達成感を味わうことができます。しかし、横線、縦線、斜め線の順で難しくなります。全ての線をきれいに引けない子どももいます。そのような子どもも、自分の発達段階に応じて取り組んだ結果ですから、正しいやり方を強要するのではなく、取り組んだこと自体を評価します。その後、繰り返し練習することによって、この課題ができるようにします。

年齢の目安

　典型発達の子どもができるようになるのはおおよそ3歳半からです。しかし、手先の不器用な子どもができる年齢はこれよりも遅くなります。手先の不器用な子どもは、年齢にかかわらずステップⅠから始め、このステップⅡに進みます。

描画作業

　ステップⅡの描画作業は、点と点を線でつなぐことです。

画材

　ステップⅡの描画課題で使う画材としては、中太字カラーペンあるいは中字カラーペンが適しています。

レッスン2　ステップⅢのやり方

ステップ	課　題	年齢の目安	作　業	画　材
レッスン2 ステップⅢ	課題❹❾〜❺⓿	4歳〜	点と点を線でつなぐ	中字カラーペン／鉛筆／細字カラーペン

子どもへの言葉掛け

　最初に、子どもにやり方を以下のように説明しながら、灰色の線の上を描いてみせます。例えば、課題❹❾では、「（絵を指でさしながら）ここにおうちがあります。このおうちに四角の窓を描きます。最初に、私がやるから見ていてね（上段左の灰色の線上に、点をつなげて四角形を描いて見せる）。今度は○○ちゃんが、点を線でつなげて四角を描いてください。」

指導のポイント

　ステップⅢの課題❹❾〜❺⓿では、課題がさらに難しくなります。これらの課題では、点をつなげることによって、正確に四角を描く体験ができます。また、全部線を引くと、大きなおうちに大きな4つの四角／三角の窓が描かれて、描いた達成感を味わうことができます。できない場合は、繰り返し練習することによってこの課題ができるようにします。

年齢の目安

　典型発達の子どもができるようになるのはおおよそ4歳からです。しかし、手先の不器用な子どもができる年齢はこれよりも遅くなります。手先の不器用な子どもは、年齢にかかわらずステップⅠから始め、このステップⅢまで順次進みます。

描画作業

　ステップⅢの描画作業は、連続して、点と点を線でつなぐことです。

画材

　ステップⅢの描画課題で使う画材としては、中字カラーペン、鉛筆、細字カラーペンが適しています。

㊺ レッスン2　点をつなぐ　ステップⅠ　やり方61ページ

おなじ　どうぶつさんを　みつけてね

㊻ レッスン2　点をつなぐ　ステップI　やり方 61ページ

おなじ　どうぶつさんが　したに　いるよ

47　レッスン2　点をつなぐ　ステップI　やり方61ページ

くるまで　おみせまで　おかいもの

48　レッスン2　点をつなぐ　ステップⅡ　やり方 62ページ

いっぱい　つなげてね

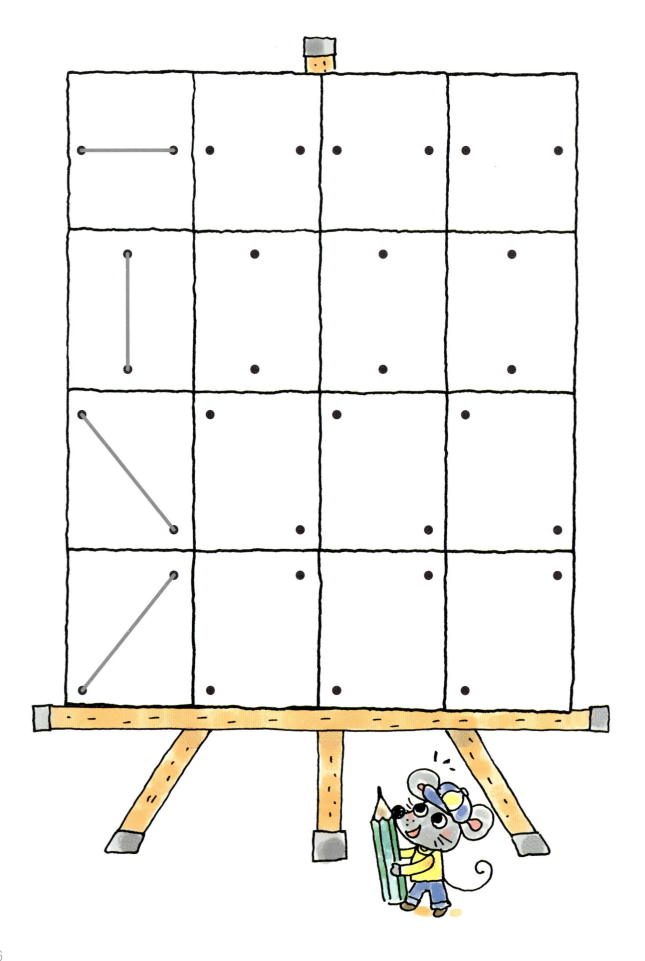

しかくの まどを かいてね

さんかくの まどを かいてね

解説 レッスン3 線を引くについて

レッスン3に取り組む前に知っておくこと

レッスン3のステップ	課　題	年齢の目安
ステップⅠ	課題㉛～㊾	3歳～
ステップⅡ	課題㉝～㊶	3歳半～
ステップⅢ	課題㊷～㊿	4歳～

描画課題の種類

レッスン3は、二本線の間をはみ出さないように線を引く課題です。

ねらい

レッスン3は、二本線の間に線を引く線引き課題ですが、同じ線を引く課題であっても、レッスン2の点つなぎ課題よりも難しくなります。レッスン3では、線からはみ出さないように、常に手指をコントロールしながら線を引くことが求められます。また、レッスン2よりも細かい手指の動きが必要です。

年齢の目安

二本線の間に線を引くということが理解できるようになるのは、3歳頃からです。2歳代では、紙全体や絵柄の上をなぐり描きする、両端の絵の上にマーキングする、二本線の中に短い線を引くなど、スタートからゴールまでつながった一本の線を引くことができません。その後一本の線を引くようになりますが、レッスン3のように、二本線の間をはみ出さずに線を引く課題は難しく、3歳でも二本線からたくさんはみ出してしまいます。そのような場合も、子どもが取り組んだこと自体を評価して褒めます。

レッスン3では、二本線からはみ出さずに引けることが目標ですが、そのためには、はみ出しが多い子どもには、ステップⅠのやさしい課題を繰り返しやります。何回かやっているうちにはみ出さないで線が引けるようになるでしょう。その後、ステップⅡ、ステップⅢと進んでいきますが、二本線は、さらに複雑な形になっていきますので、その都度二本線からはみ出さないようにより精度の高い手指のコントロールが求められていきます。また、画材についても手指の動きを実現できるような筆記具を用いることがとても重要です。

レッスン3は、発達順にステップⅠからステップⅢに分けられています。そして、上の表には、各ステップの典型発達の年齢の目安が書かれていますので、実施にあたっては、子どもの年齢相当のステップから始め、それができたら次のステップへと進んでいきます。

手先の不器用な子どもができるのは、表の年齢の目安よりも遅くなります。そこで、<u>手先の不器用な子どもは、年齢にかかわらず、ステップⅠから始めます。</u>そして、そのステップができるようになったら、次のステップに進みます。

レッスン3　ステップⅠのやり方

ステップ	課題	年齢の目安	作業	画材
レッスン3 ステップⅠ	課題㉛～㊾	3歳～	二本線の間に線を引く	中太字カラーペン

子どもへの言葉掛け

最初に、子どもにやり方を説明しながら、ペンで線を引いてみせます。例えば、課題㉛では、
「（車と家を指でさしながら）車に乗って、おじいちゃんの家へお出かけします。最初は、私がやるから見ていてね（一番下の二本線の間を車から家まで線を引く）。今度は○○ちゃんが、道からはみ出さないように、車からおうちに線を引いてください。」

指導のポイント

ステップⅠの課題㉛～㊾は、線を意図的に描けるようになった子どものための描画課題であり、二本線の間をはみ出さないように線を引く課題です。典型発達では、二本線の間に線を引くことは3歳前後から教示に従ってできるようになりますが、二本線から全くはみ出さないで線を引けるようになるのは3歳半以後になります。最初は、二本線からはみ出しても、（例えば、課題㉛では）自動車から家まで線を引けたことを評価して、「自動車でおじいちゃんのおうちに行けたね」などと言ってあげます。ステップⅠでは、二本線の間隔が、10mmと7mmの二種類あるので、手指のコントロールが悪くてはみ出す子どもは10mmの二本線を何度も練習します。これらを繰り返し練習することによって、二本線からはみ出さずに線が引けるようにします。はみ出さずに線が引けることは、手指のコントロールができるようになったことを表しています。

典型発達の3歳以前では、線を引くことができずに、絵柄や二本線の上をなぐり描きやマーキングなどをすることがあります。また、手先の不器用な子どもは、3歳過ぎても線を引けないことが多いです。そのような場合は、二本線の間をはみ出さずに線が引けるように、ステップⅠにおいて繰り返し練習することが重要です。

年齢の目安

典型発達の子どもができるようになるのはおおよそ3歳からです。しかし、手先の不器用な子どもができる年齢はこれよりも遅くなります。手先の不器用な子どもは、年齢にかか

わらずこのステップⅠから始めます。

描画作業
　ステップⅠの描画作業は、二本線の間に線を引くことです。

画材
　ステップⅠの描画課題で使う画材としては、中太字カラーペンが適しています。

レッスン3　ステップⅡのやり方

ステップ	課題	年齢の目安	作　業	画　材
レッスン3 ステップⅡ	課題 ㊺〜㊿	3歳半〜	二本線の間に線を引く	中太字カラーペン / 中字カラーペン

子どもへの言葉掛け
　最初に、子どもにやり方を説明しながら、二本線の間を指でなぞってみせます。例えば、課題㊺では、
「（汽車を指でさしながら）汽車が駅に向かって出発します。（汽車から駅に向かって、二本線の間を指でなぞりながら）このように、汽車から駅まで線路からはみ出さないように線を引いてください。」

指導のポイント
　ステップⅡの課題㊺〜㊿は、二本線の間に意図的に線を描けるようになった子どものための描画課題です。ステップⅡもステップⅠと同様に、二本線の間をはみ出さないように線を引く課題です。しかし、ステップⅡでは、二本線は複雑に長くなり、課題は少し難しくなります。このような課題で、はみ出さずに線を引くには細かい手指の動きが求められ、またそれをコントロールする力が必要とされます。二本線の道からはみ出して描いた子どもには、始点から終点まで線を引けたことを評価して、「最後まで行けたね」などと言ってあげます。その後、はみ出さずに引けることを目標にして、繰り返し練習します。

年齢の目安
　典型発達の子どもができるようになるのはおおよそ3歳半からです。しかし、手先の不器用な子どもができる年齢はこれよりも遅くなります。手先の不器用な子どもは、年齢にかかわらずステップⅠから始め、このステップⅡに進みます。

描画作業
　ステップⅡの描画作業は、二本線の間に線を引くことです。

画材
　ステップⅡの描画課題で使う画材としては、中太字カラーペンあるいは中字カラーペンが適しています。

レッスン3　ステップⅢのやり方

ステップ	課題	年齢の目安	作　業	画　材
レッスン3 ステップⅢ	課題 ㊆〜㊇	4歳〜	二本線の間に線を引く	中字カラーペン / 鉛筆 / 細字カラーペン

子どもへの言葉掛け
　最初に、子どもにやり方を説明しながら、二本線の間を指でなぞってみせます。例えば、課題㊆では、
「（車を指でさしながら）車がゴール目指して出発します。（スタートからゴールに向かって、二本線の間を指でなぞりながら）このように、スタートからゴールまで道からはみ出さないように線を引いてください。」

指導のポイント
　ステップⅢの課題㊆〜㊇は、二本線の間に意図的に線を描けるようになった子どものための描画課題です。ステップⅢもステップⅠ・Ⅱと同様に、二本線の間をはみ出さないように線を引く課題です。しかし、ステップⅢでは、さらに細く複雑な道になり、難しい課題になります。このような課題では、はみ出さずに線を引くのはかなり難しい作業であるため、二本線からはみ出ることが多いと思います。二本線の道からはみ出しても、スタートからゴールまで線を引けたことを評価して、「ゴールまで行けたね」などと言いながら、子どもが楽しく取り組める配慮をします。その後、はみ出さずに引けることを目標にして、繰り返し練習します。そして、できたら「すごいね。きれいにかけたね。」などといって、一緒に喜びます。

年齢の目安
　典型発達の子どもができるようになるのはおおよそ4歳からです。しかし、手先の不器用な子どもができる年齢はこれよりも遅くなります。手先の不器用な子どもは、年齢にかかわらずステップⅠから始め、このステップⅢまで順次進みます。

描画作業
　ステップⅢの描画作業は、二本線の間に線を引くことです。

画材
　ステップⅢの描画課題で使う画材としては、中字カラーペン、鉛筆、細字カラーペンが適しています。

51 レッスン3 線を引く ステップI やり方 69ページ

くるまに のって
おじいちゃんの いえに おでかけ

たのしかったね　おうちに　かえるよ

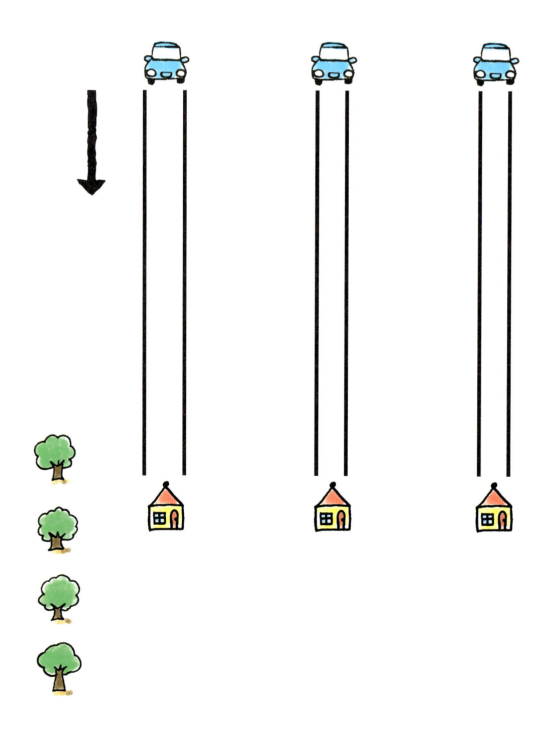

53 レッスン3 線を引く ステップI やり方 69ページ

がんばって　のぼろう　やまのぼり

54 レッスン3　線を引く　ステップI　やり方 69ページ

もぐらさんを　おうちに　かえしてあげてね

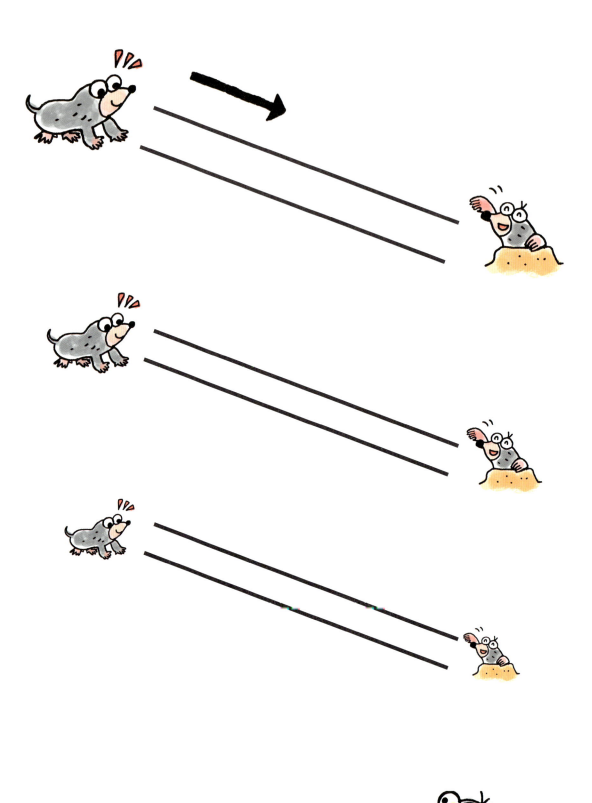

55 レッスン3　線を引く　ステップⅡ　やり方 70ページ

えきに　むかって　しゅっぱつ　しんこう

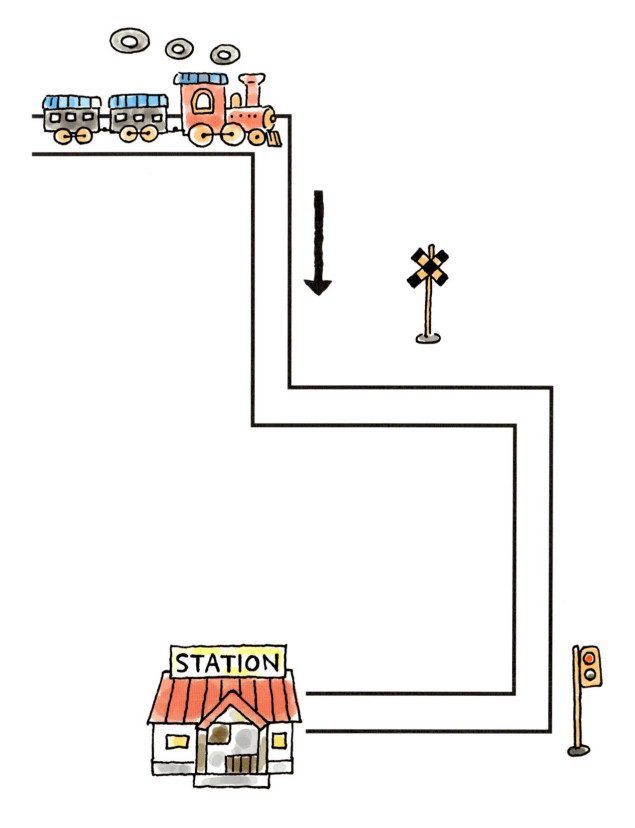

じぐざぐ はいきんぐ たのしいな

57 レッスン3 線を引く ステップⅡ やり方 70ページ

ぐるぐる まるい みちだね

58 レッスン3 線を引く ステップⅡ やり方 70ページ

かくかく　しかくい　みちだよ

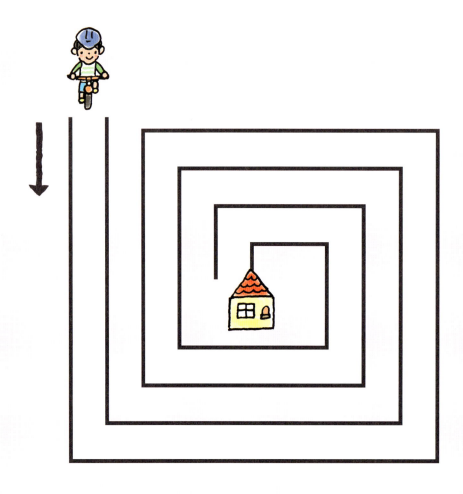

�59 レッスン3 線を引く ステップⅡ やり方 70ページ
ねずみさんが ちいずを ねらっているよ

⑥ レッスン3　線を引く　ステップⅡ　やり方 70ページ

くねくね　へんな　みちだね

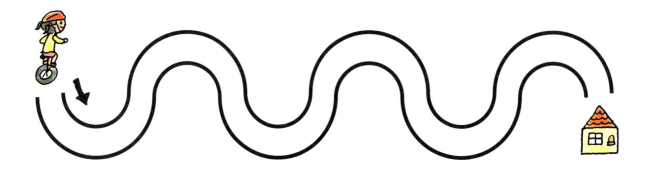

かいぞくが　たからものを　さがしているよ

62 レッスン3　線を引く　ステップⅢ　やり方 70ページ

ごうるを　めざして　ぶっとばせ

63 レッスン3 線を引く ステップⅢ やり方 70ページ

たからものの ちずが でてきたよ

めいろを ぬけて ごうるいん

レッスン3　線を引く　ステップⅢ　やり方 70ページ

解説 レッスン4 点線をなぞる について

レッスン4に取り組む前に知っておくこと

レッスン4のステップ	課　題	年齢の目安
ステップⅠ	課題❻❺〜❻❼	3歳〜
ステップⅡ	課題❻❽〜❼❹	3歳半〜
ステップⅢ	課題❼❺〜❼❽	4歳〜

描画課題の種類

レッスン4は、点線をなぞって描く課題です。一本の点線をなぞるためには、細かい手指のコントロールが求められます。

ねらい

レッスン4は、点線をなぞって線を描く課題です。レッスン3の線を引く課題では、二本の線幅の範囲内に書けばよかったのですが、レッスン4の課題で点線の上を正確に引かなければならないので、課題の難易度は高くなります。しかし、自分では描けない形も、点線をなぞることによって形を描く体験をすることができます。この体験を通して、自分で形が描けるというレッスン5につなげることができるので、レッスン4の点線をなぞる練習を沢山するといいです。課題が進むとだんだん細かい形になりますので、課題を進めていくことによって、手指が徐々に細かく動くようになります。

年齢の目安

点線をなぞることを理解するようになるのは、3歳頃からです。2歳代では、点線を最初から最後までつなげてなぞることができません。その後、一本の線でなぞることができますが、大きく点線から外れることもあるでしょう。このような発達段階の子どもは、ステップⅠのやさしい課題を繰り返し行います。何回かやっているうちに点線から外れずに線が引けるようになります。ステップⅡ、ステップⅢに進むにつれ、複雑な形になっていきます。これらの課題は、細かい手指のコントロールが求められます。画材も手指の動きを実現できるような細めの筆記具を使うことが重要です。

レッスン4は、発達順にステップⅠからステップⅢに分けられています。そして、上の表には、各ステップの典型発達の年齢の目安が書かれていますので、実施にあたっては、子どもの年齢相当のステップから始め、それができたら次のステップへと進んでいきます。

手先の不器用な子どもができるのは、表の年齢の目安よりも遅くなります。そこで、手先の不器用な子どもは、年齢にかかわらず、ステップⅠから始めます。そして、そのステップができるようになったら、次のステップに進みます。

レッスン4　ステップⅠのやり方

ステップ	課題	年齢の目安	作業	画材
レッスン4 ステップⅠ	課題❻❺〜❻❼	3歳〜	点線をなぞる	太字カラーペン 中太字カラーペン

子どもへの言葉掛け

最初に、子どもにやり方を説明しながら、点線をペンで描いてみせます。例えば、課題❻❺では、
「（鳥を指でさしながら）鳥さんが木の所まで飛んでいきます。最初は、私がやるから見ていてね（鳥から木に向かって、点線の上をペンで描く）。今度は○○ちゃんが、ネズミさんがチーズの所まで行けるように点線をなぞって描いてください。」

指導のポイント

ステップⅠの課題❻❺〜❻❼は、線を意図的に描き始めた子どものための描画課題であり、点線の上をなぞって線を描く課題です。点線をなぞることは巧みな筆記具操作が必要ですから、手指運動のトレーニングになります。また、線描のトレーニングとして適していて、字を書く動作の基礎になります。就学前後に行う点線の文字をなぞる学習方法がありますが、幼児期の早い段階から楽しく点線をなぞる課題をすると効果的です。例えば、課題❻❺では、動物が自分の好きな所に行けるように点線をなぞることによって、楽しみながら線描トレーニングをします。最初は、点線の上をきれいになぞることができなくても、「ネズミさんがチーズの所まで行けたね」などと言って、課題に取り組んだこと自体を評価します。その後は、点線の上を正確になぞれることを目標に繰り返し練習します。点線の上を少しでもなぞれるようになったら、その都度「ここがきれいに描けたね」などと褒めます。

年齢の目安

典型発達の子どもができるようになるのはおおよそ3歳からです。しかし、手先の不器用な子どもができる年齢はこれよりも遅くなります。手先の不器用な子どもは、年齢にかかわらずこのステップⅠから始めます。

描画作業

ステップⅠの描画作業は、点線をなぞることです。

画材

ステップⅠの描画課題で使う画材としては、太字カラーペンあるいは中太字カラーペンが適しています。

レッスン4　ステップⅡのやり方

ステップ	課題	年齢の目安	作業	画材
レッスン4 ステップⅡ	課題 ❻❽～❼❹	3歳半～	点線をなぞる	中太字カラーペン／中字カラーペン

子どもへの言葉掛け

　最初に、子どもにやり方を説明しながら指でなぞってみせます。例えば、課題❻❽では、
「曲がり角の多い道をドライブします。（車から一番下の家に向かって、道の点線の上を指でなぞりながら）今度は○○ちゃんが、車から家まで点線をペンでなぞって描いてください。」

指導のポイント

　ステップⅡの課題❻❽～❼❹は、線をなぞることができるようになった子どものための描画課題です。ステップⅡでは、ステップⅠよりも点線の形が少し複雑になり、課題の難易度が上がります。点線をなぞることによって、点線で描かれている絵柄をイメージしながら、線描トレーニングを楽しみます。最初は、点線の上をきれいになぞることができなくても、「おうちまでドライブできたね」などと言って、課題に取り組んだこと自体を評価します。その後は、点線の上を正確になぞれることを目標に、繰り返し練習します。点線の上を少しでもなぞれるようになったら、その都度「ここがきれいに描けたね」などと褒めます。

年齢の目安

　典型発達の子どもができるようになるのはおおよそ3歳半からです。しかし、手先の不器用な子どもができる年齢はこれよりも遅くなります。手先の不器用な子どもは、年齢にかかわらずステップⅠから始め、このステップⅡに進みます。

描画作業

　ステップⅡの描画作業は、点線をなぞることです。

画材

　ステップⅡの描画課題で使う画材としては、中太字カラーペンあるいは中字カラーペンが適しています。

レッスン4　ステップⅢのやり方

ステップ	課題	年齢の目安	作業	画材
レッスン4 ステップⅢ	課題 ❼❺～❼❽	4歳～	点線をなぞる	中字カラーペン／鉛筆／細字カラーペン

子どもへの言葉掛け

　最初に、子どもにやり方を説明します。例えば、課題❼❺では、
「（風船を指でさしながら）クマさんが丸い風船をたくさん持っています。クマさんが持っている風船の点線をなぞって描いてください。」
　なお、ステップⅢでは、大人が手本を示さなくても、言葉による教示だけでできるようにしますが、理解できない子どもには、大人が手本を示してください。

指導のポイント

　ステップⅢの課題❼❺～❼❽は、線をなぞることができる子どものための描画課題です。ステップⅢでは、ステップⅡよりも点線の形が小さく複雑ですので、さらに難しい課題になっています。4歳を過ぎると、指を動かして筆記具を操作できるようになるので、細かい線描も可能になります。そこで、ステップⅢでは、正確に点線をなぞることが目標になります。例えば、課題❼❺では、風船の点線をなぞることによって、円を描くことができる線描トレーニングを楽しみます。最初は、点線の上をきれいになぞることができなくても、その後に、点線の上を正確になぞれることを目標に繰り返し練習します。
　なお、ステップⅢの課題の点線は、細かい直線や曲線の組合せです。特に、小さな丸や細かい曲線をなぞるのはとても難しく、子どもは飽きてしまうかもしれません。「ピザ、おいしそうにできたね」などと言いながら、子どもが楽しく取り組める配慮をします。そして、正確になぞることができたら、「すごいね。きれいに描けたね。」などと言って、一緒に喜びます。

年齢の目安

　典型発達の子どもができるようになるのはおおよそ4歳からです。しかし、手先の不器用な子どもができる年齢はこれよりも遅くなります。手先の不器用な子どもは、年齢にかかわらずステップⅠから始め、ステップⅢまで順次進みます。

描画作業

　ステップⅢの描画作業は、点線をなぞることです。

画材

　ステップⅢの描画課題で使う画材としては、中字カラーペン、鉛筆、細字カラーペンが適しています。

すきなものの　ところまで　いきたいな

あめを ふらせて おみずを あげよう

かだんの おはなの くきを かいてね

まがりかどの おおい みちを どらいぶしよう

いろいろな おみせへ くるまで おかいもの

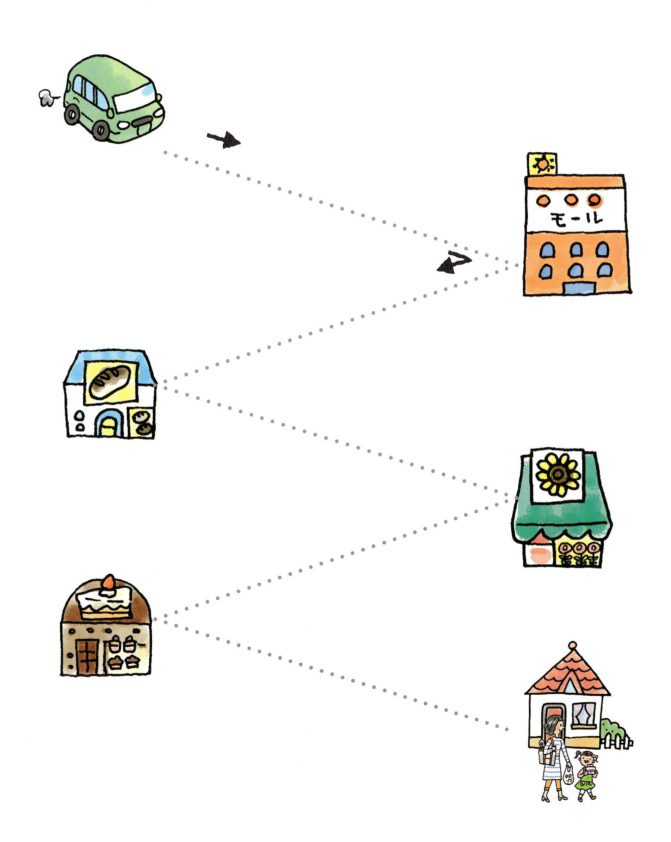

かえるさん　ぴょんぴょん　どこ　いくの?

ぐるぐる　ぐるぐる　うずまき

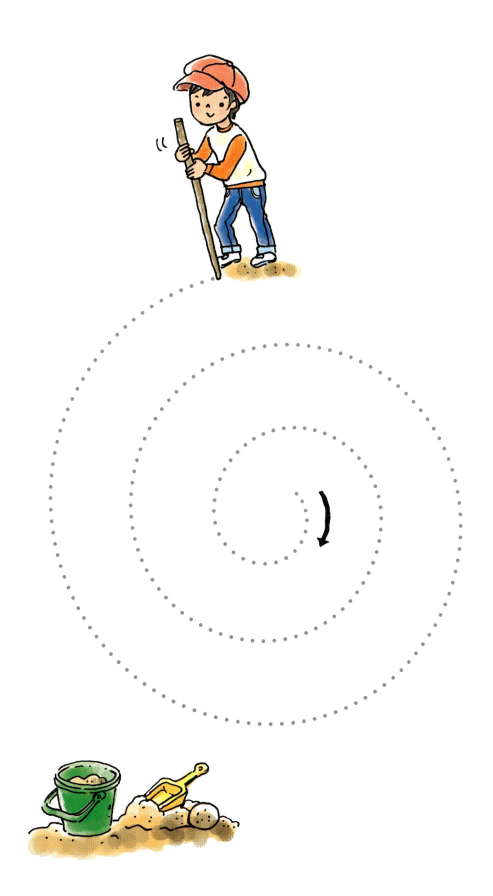

はちの　じ　こおすを　うんてん　できるかな？

にんじん みつけた まてまてえ

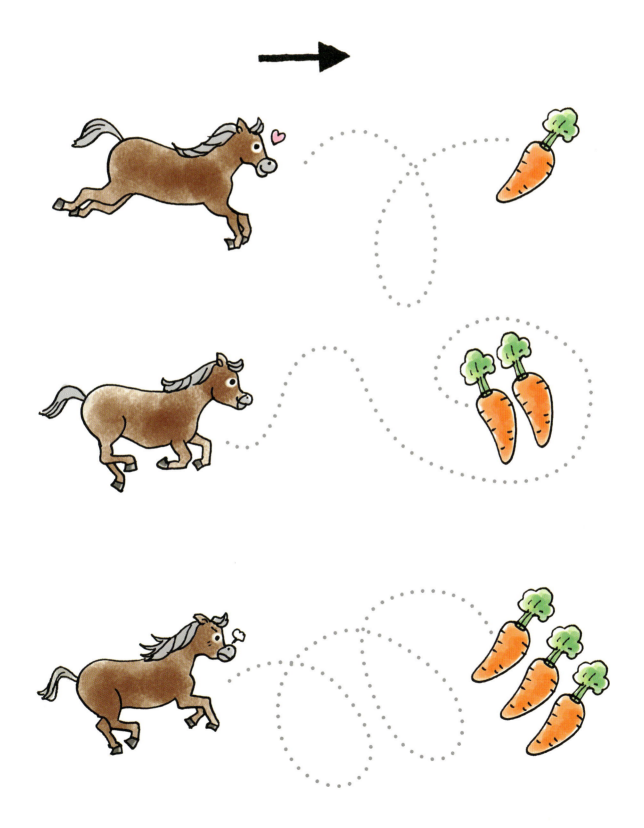

74 レッスン4　点線をなぞる　ステップⅡ　やり方 86ページ

まんまるの　ばらんす　ぼおる

75　レッスン4　点線をなぞる　ステップⅢ　やり方 86ページ

ふんわり　まあるい　ふうせん

いろいろな　かたちの　くっきいを　つくろう

どんどん　つながる　きしゃぽっぽ

78 レッスン4　点線をなぞる　ステップⅢ　やり方 86ページ

ちいずと　さらみを　ぴざに　とっぴんぐしよう

解説 レッスン5 まねして描く について

レッスン5に取り組む前に知っておくこと

レッスン5のステップ	課題	年齢の目安
ステップⅠ	課題㉗～㉘	4歳～
ステップⅡ	課題㉘～㉙	4歳半～
ステップⅢ	課題㉙～⑩	5歳～

描画課題の種類

　レッスン5の目標は、手本をまねして描くことです。しかし、その前に点線をなぞることによってまねして描く練習をします。すなわち、各課題には実線で描かれた手本の絵柄とそれを点線で描いた絵柄が並べられており、その周辺は空白領域になっています。まず、実線の手本を見て、点線をなぞって描きます。点線をなぞって要領がわかったところで、空白領域に手本と同じ絵柄を描きます。

ねらい

　レッスン5は、最初に点線をなぞることによって、手本を描く練習をし、その後に手本をまねして描く課題です。これまでレッスン2からレッスン5へと進んでくることによって、手指を細かく動かして形を描く練習を沢山してきました。レッスン5では、二本線や点線という補助線がなくても、自分で描けることを目指します。ただし、子どもは何もないと自分一人では描けないので、手本を示して、それをまねして描くことがここでの目標です。ここでの課題を十分に練習することは、書字の準備となり、学校での学習へとスムーズに移行することができます。

年齢の目安

　レッスン5で手本をまねて描く時に、これまでのように補助線がないので、自分で描けない場合があります。あきらめずにチャレンジさせましょう。
　ステップが進むにつれ、手本の絵柄は細かく複雑な形になっていきます。特に、ステップⅢの絵柄は大変細かいです。しかし、このような形を何度も書いているうちに、手指も細かく動き、また手指のコントロールも正確になってきます。この手指の動きができれば、文字を書くことも十分できるようになります。この時の筆記具は、これらの手指の動きを実現できる鉛筆や細字カラーペンにします。しかし、これだけ細かい図形は、鉛筆の持ち方が悪いと書けないので、筆記具を2指握りで持つように教えます（5頁を参照）。

　レッスン5は、発達順にステップⅠからステップⅢに分けられています。そして、左の表には、各ステップの典型発達の年齢の目安が書かれていますので、実施にあたっては、子どもの年齢相当のステップから始め、それができたら次のステップへと進んでいきます。
　手先の不器用な子どもができるようになるのは、表の年齢の目安よりも遅くなります。そこで、<u>手先の不器用な子どもは、年齢にかかわらず、ステップⅠから始めます。</u>そして、そのステップができるようになったら、次のステップに進みます。

レッスン5　ステップⅠのやり方

ステップ	課題	年齢の目安	作業	画材
レッスン5 ステップⅠ	課題㉗～㉘	4歳～	手本をまねして描く	中太字カラーペン／中字カラーペン

子どもへの言葉掛け

　最初に、子どもにやり方を説明しながら、指でなぞってみせます。例えば、課題㉗では、
「チョウチョウが、花から花へ飛んでいくよ。（チョウチョウから引かれた実線を指でなぞりながら）これをまねして（チョウチョウから一番下の花まで、ジグザク線を指でなぞりながら）一番下の花まで線を引いてください。」
　また、課題㉘では「シャボン玉をいっぱい描いてみよう。（実線のシャボン玉を指でなぞりながら）このように、シャボン玉の点線をなぞって描いてください。そして、（実線のシャボン玉を指でさしながら）これをまねして、（上部の空白領域を指さしながら）ここにいっぱいシャボン玉を描いてください。」

指導のポイント

　ステップⅠの課題㉗～㉘は、自分一人で描けるようになるための課題です。レッスン4では点線のガイドに沿って描く練習をしましたが、ここでは最初に実線の手本が示され、続いて点線のガイド線が描かれています。ガイド線で描く要領がわかったら、最後に実線の手本をまねして描く線描トレーニングをします。レッスン5では、最終的に自分が意図したとおりに描けることが目標になりますが、それがまだできない子どもでも、この課題のように、実線の手本や点線と同じ調子で描き進めていくうちに描けるかもしれません。それにより、自分一人で描いた達成感を味わいます。最初は、手本を正確にまねしていなくても、取り組んだこと自体を評価して、「一人で描けたね」と褒めてあげます。その後、手本をまねして同じように描くことを目標に繰り返し練習します。

年齢の目安

　典型発達の子どもができるようになるのはおおよそ4歳からです。しかし、手先の不器用な子どもができる年齢はこれよりも遅くなります。手先の不器用な子どもは、年齢にかかわらずこのステップⅠから始めます。

描画作業

ステップⅠの描画作業は、手本をまねして描くことです。

画材

ステップⅠの描画課題で使う画材としては、中太字カラーペンあるいは中字カラーペンが適しています。

レッスン5 ステップⅡのやり方

ステップ	課題	年齢の目安	作業	画材
レッスン5 ステップⅡ	課題(85)〜(89)	4歳半〜	手本をまねして描く	中字カラーペン 鉛筆 細字カラーペン

子どもへの言葉掛け

最初に、子どもにやり方を説明しながら、指さしで示します。例えば、課題(85)では、

「真ん丸お団子をいっぱい描いてみよう。(実線の団子を指さしながら) このように、お団子の点線をなぞって描いてください。そして、これをまねして (テーブルの空白領域を指さしながら) ここにお団子をたくさん描いてください。」

指導のポイント

ステップⅡの課題(85)〜(89)は、自分一人で描ける子どもがさらに細かい絵柄を描けるようになるための課題です。ステップⅡでは、手本となる図形が細かく複雑になり、難しい課題になってきます。まず、実線の絵柄を手本にして、点線をなぞって描きます。その後、実線の手本をまねして空白領域に描きます。この段階を経ることにより、子どもは自分一人で細かい絵柄を描くことができる達成感を味わいます。「一人で描けたね」と褒めてあげます。最初は上手に描けなくても、手本をまねして正確に描くことを目標に繰り返し練習します。

なお、ステップⅡになると、図形が細かくなり、子どもは描くのに飽きてくるかもしれません。たくさん描かない時は、「お団子をたくさん作ろうね」などと励ましながら進めていきます。

年齢の目安

典型発達の子どもができるようになるのはおおよそ4歳半からです。しかし、手先の不器用な子どもができる年齢はこれよりも遅くなります。手先の不器用な子どもは、年齢にかかわらずステップⅠから始め、このステップⅡに進みます。

描画作業

ステップⅡの描画作業は、手本をまねして描くことです。

画材

ステップⅡの描画課題で使う画材としては、中字カラーペン、鉛筆、細字カラーペンが適しています。

レッスン5 ステップⅢのやり方

ステップ	課題	年齢の目安	作業	画材
レッスン5 ステップⅢ	課題(90)〜(100)	5歳〜	手本をまねして描く	鉛筆 細字カラーペン

子どもへの言葉掛け

最初に、子どもにやり方を説明しながら、指さしで示します。例えば、課題(90)では、

「(右上の実線の種が描かれたスイカを指さして) ここにスイカがあります。このスイカのように種をいっぱい描いてね。(点線のスイカの種を指さしながら) このように、種の点線をなぞって描いてください。そして、(実線の種を指さして) これをまねして (残りのスイカを指さしながら) スイカの中に種をいっぱい描いてください。」

指導のポイント

ステップⅢの課題(90)〜(100)は、さらに正確に描けるようになるための課題です。ステップⅢでは、手本となる図形が大変細かく、かつ複雑になり、ステップⅡよりもさらに難しい課題になってきます。筆記具も、書字トレーニングとなるように、鉛筆や細字カラーペンを使います。これらの課題を正確にできるようになると、小学校入学後の円滑な書字動作につながっていきます。

やり方は、ステップⅠ・Ⅱと同様に、実線の絵柄を手本にして、点線をなぞって描きます。その後、実線の手本をまねして空白領域に絵柄を描きます。これらの段階を経ることにより、子どもは今まで自分一人で描けなかった絵柄を描くことができた達成感を味わいます。「一人で描けたね」と褒めてあげます。最初は正確に描けなくても、手本をまねして正確に描くことを目標に繰り返し練習します。

ステップⅢでは、さらに図形は、細かく複雑になり、描くのが大変難しくなります。就学前には、集中力や持続力も養いたいものです。子どもが飽きてきたら、励ましながら進めましょう。きれいに描けたら、「きれいに描けたね。」などといって、努力を認めてあげます。

年齢の目安

典型発達の子どもができるようになるのはおおよそ5歳からです。しかし、手先の不器用な子どもができる年齢はこれよりも遅くなります。手先の不器用な子どもは、年齢にかかわらずステップⅠから始め、このステップⅢまで順次進みます。

描画作業

ステップⅢの描画作業は、手本をまねして描くことです。

画材

ステップⅢの描画課題で使う画材としては、鉛筆あるいは細字カラーペンが適しています。

�79 レッスン5 まねして描く ステップⅠ やり方101ページ

ちょうちょうが はなから はなへ とんで いくね

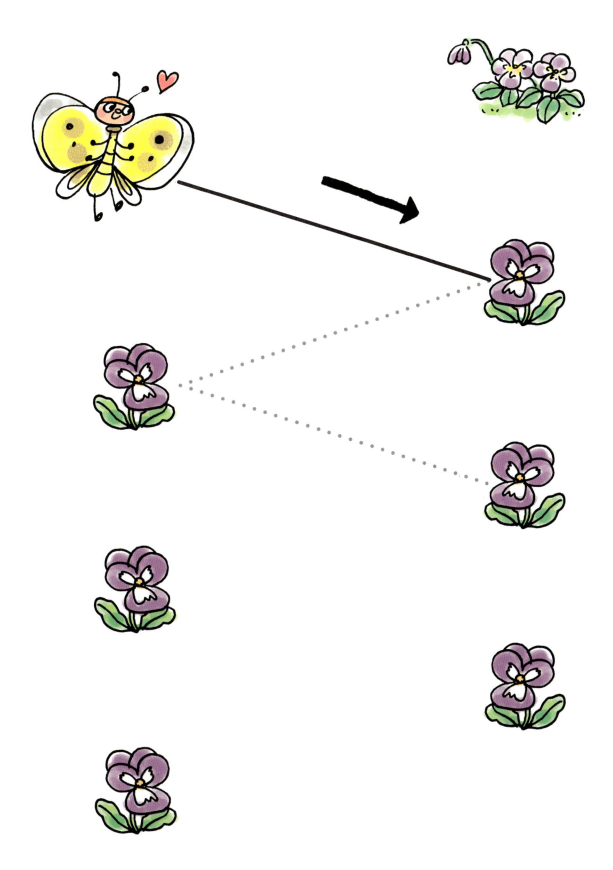

いるかさんが じゃんぷしながら およぐよ

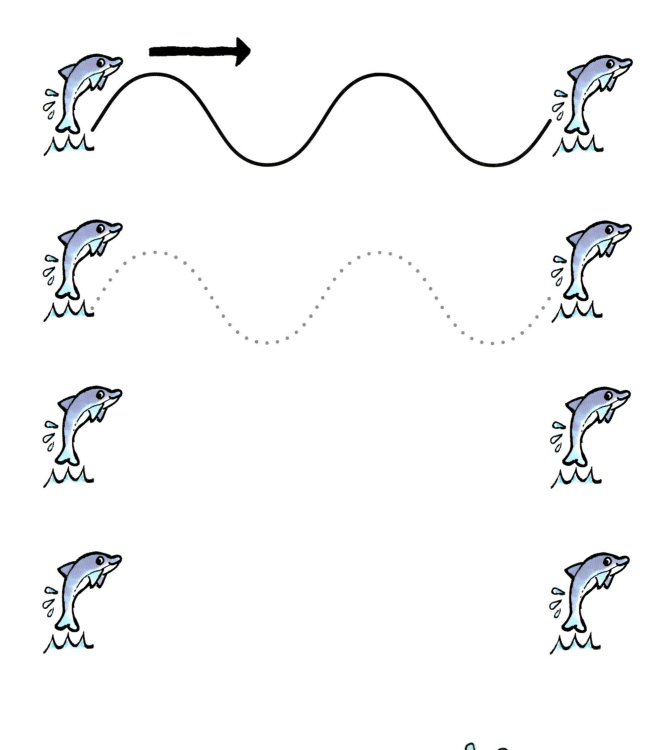

かえるさん はっぱの うえを
ぴょん ぴょん ぴょん

82　レッスン5　まねして描く　ステップI　やり方 101ページ

しゃぼんだまを　いっぱい　とばそう

㊙ レッスン5　まねして描く　ステップⅠ　やり方 101ページ

あいすくりいむ　だいすき
だぶるで　おねがいします

レッスン5 まねして描く ステップI やり方 101ページ

ゆきだるまを　つくろう

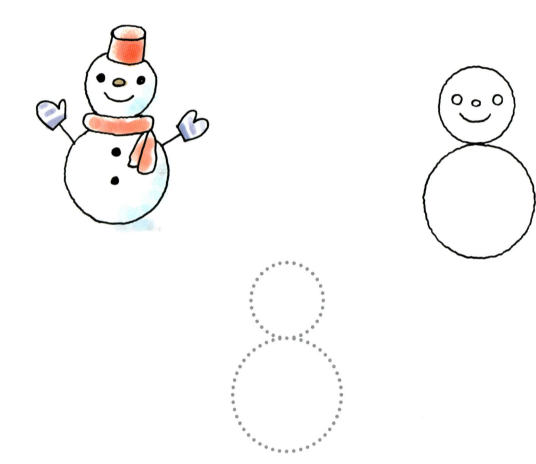

85 レッスン5 まねして描く ステップⅡ やり方102ページ

まんまる　おだんご　いっぱい　たべたいね

中字カラーペン　鉛筆　細字カラーペン

86 レッスン5 まねして描く ステップⅡ やり方 102ページ

おはなを きれいに さかせてね

きしゃの まどから どんな けしきが みえるかな？

⑱ レッスン5　まねして描く　ステップⅡ　やり方 102ページ

うさぎさんの　だいすきな　にんじん
たくさん　ほしいな

⑧⑨ レッスン５　まねして描く　ステップⅡ　やり方 102ページ

かぜの　ちからで　よっとが　すすむよ

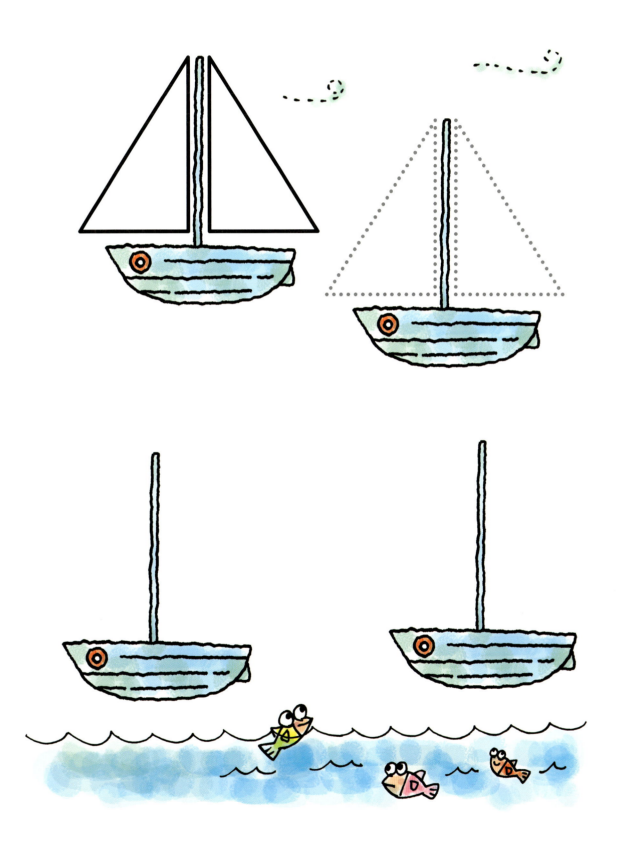

⑨⓪ レッスン5　まねして描く　ステップⅢ　やり方 102ページ

すいかが　いっぱい　たねも　いっぱい

91 レッスン5 まねして描く ステップⅢ やり方102ページ

ぱあてぃだよ　くらっかあ　ぱあん！

92 レッスン5 まねして描く ステップⅢ やり方 102ページ

いろいろな かたち つづけて かけるかな?

鉛筆 細字カラーペン

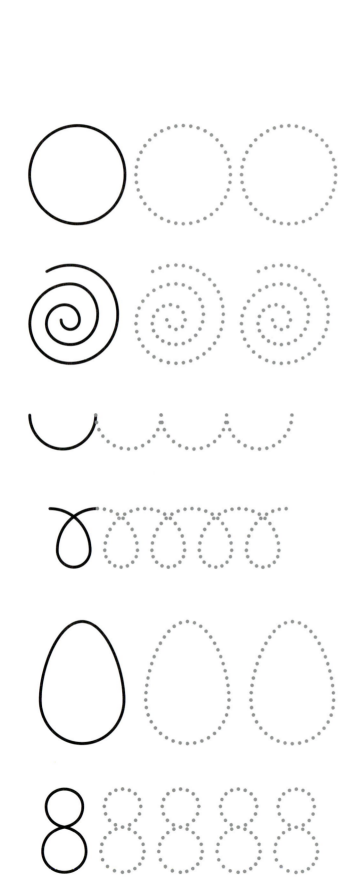

93 レッスン5 まねして描く ステップⅢ やり方 102ページ

よこに　せんを　かこう

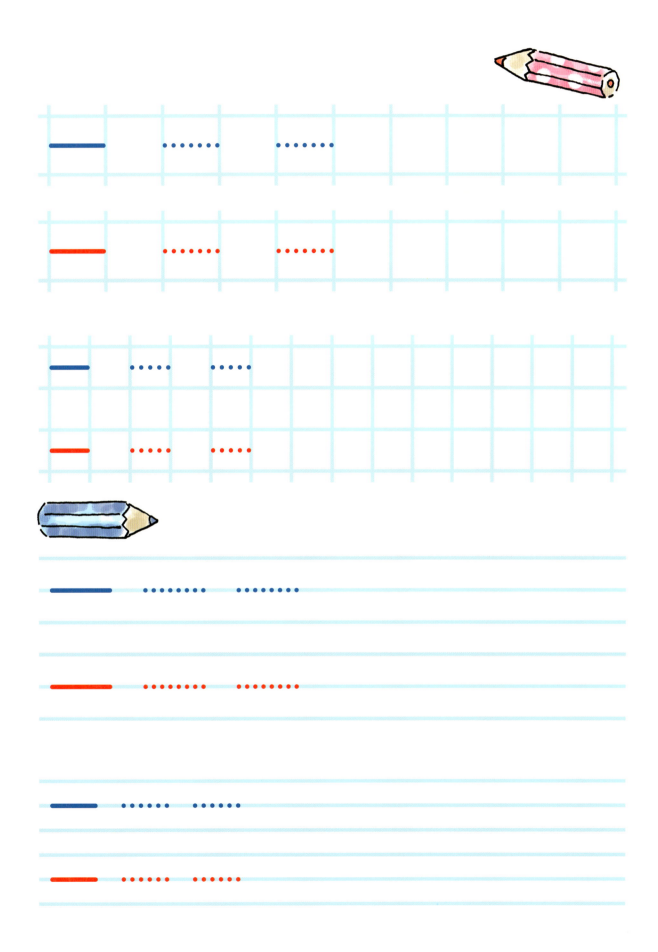

94 レッスン5 まねして描く ステップⅢ やり方 102ページ

たてに せんを かこう

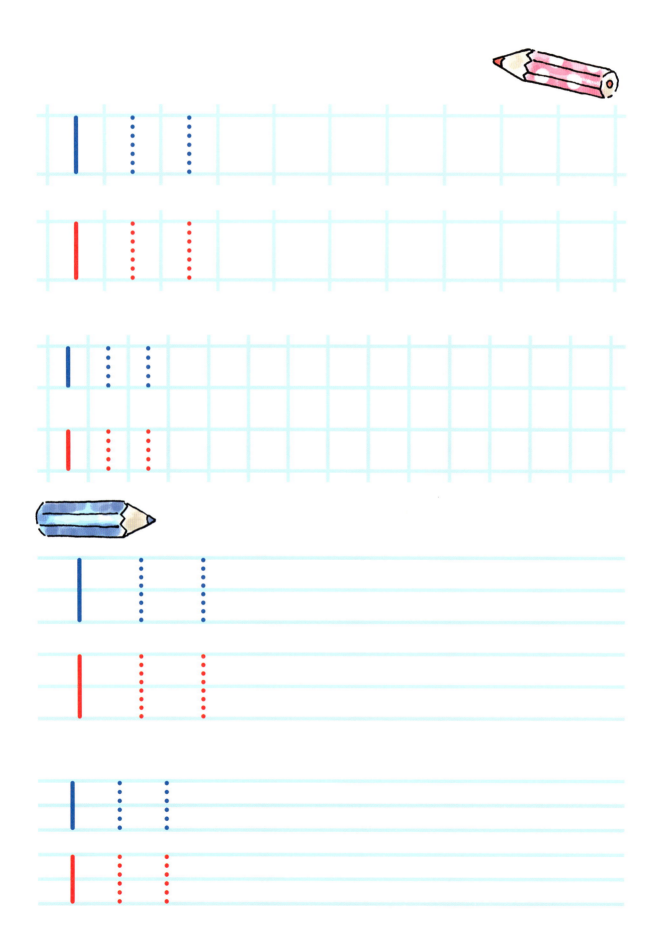

95 レッスン5 まねして描く ステップⅢ やり方 102ページ

たてと よこに せんを かこう

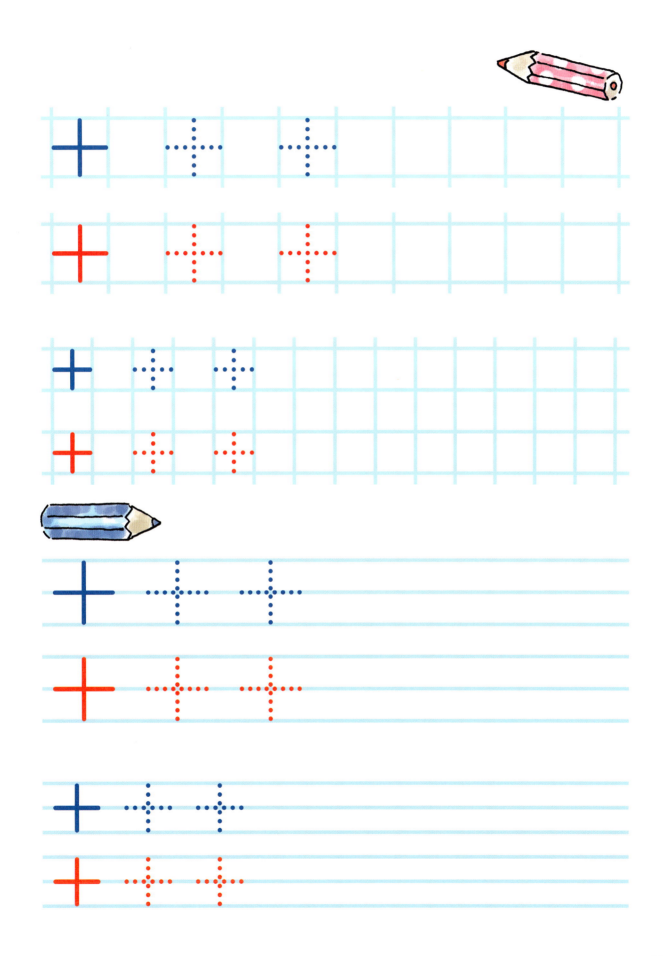

96 レッスン5 まねして描く ステップⅢ やり方 102ページ

ななめに　せんを　かこう

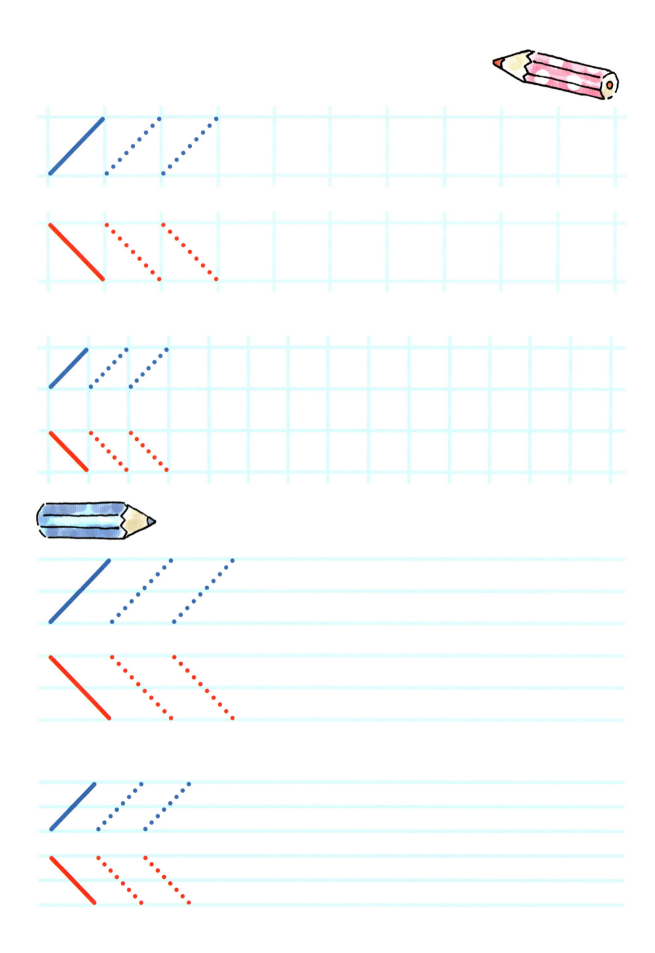

97 レッスン5 まねして描く ステップⅢ やり方 102ページ

くるんと せんを かこう

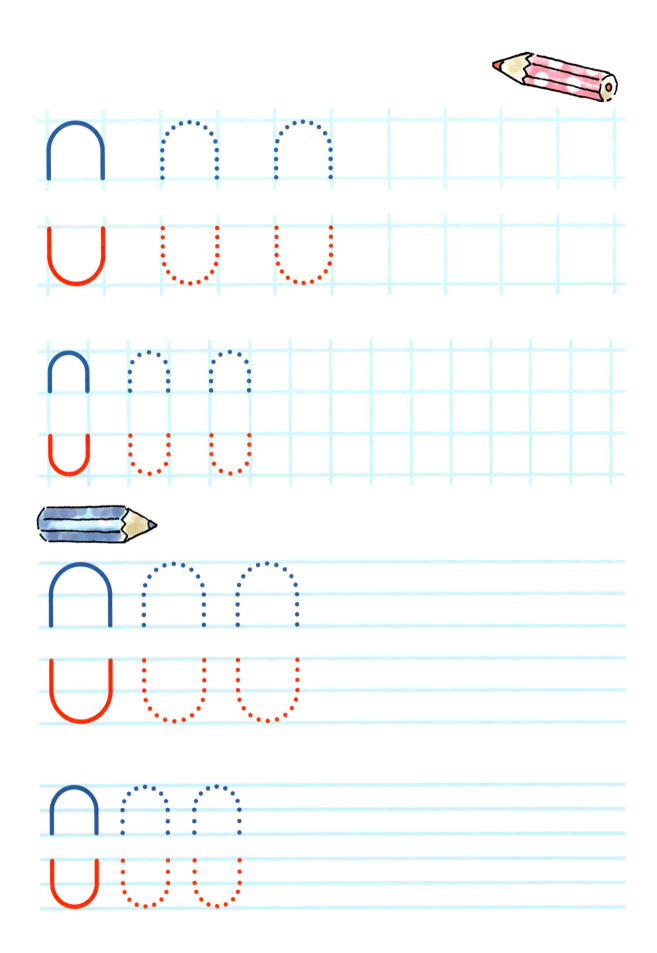

きれいな まんまるを かこう

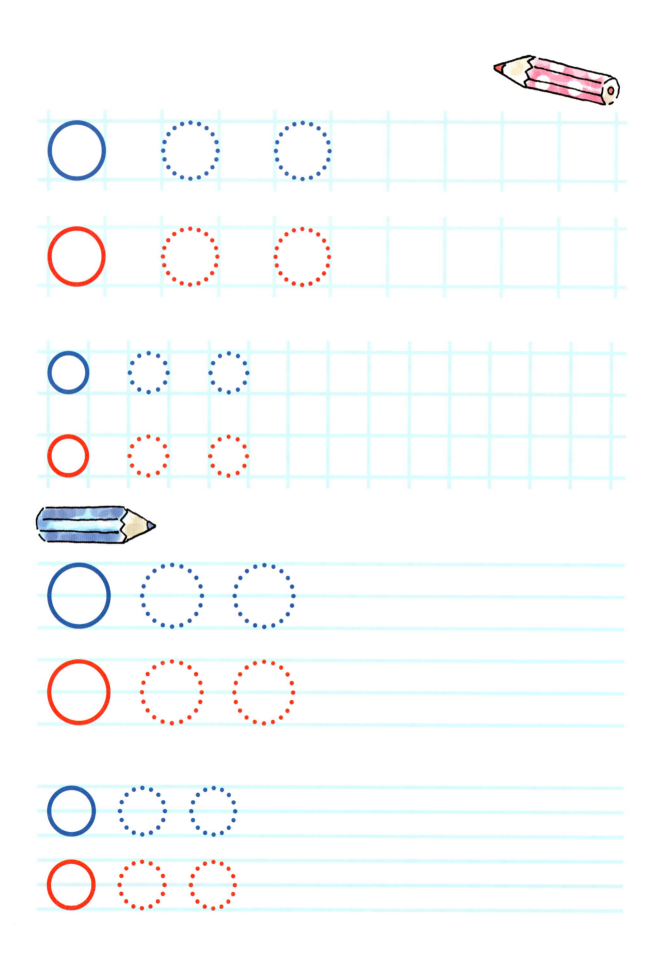

99 | レッスン5 まねして描く | ステップⅢ | やり方 102ページ

きれいな さんかくを かこう

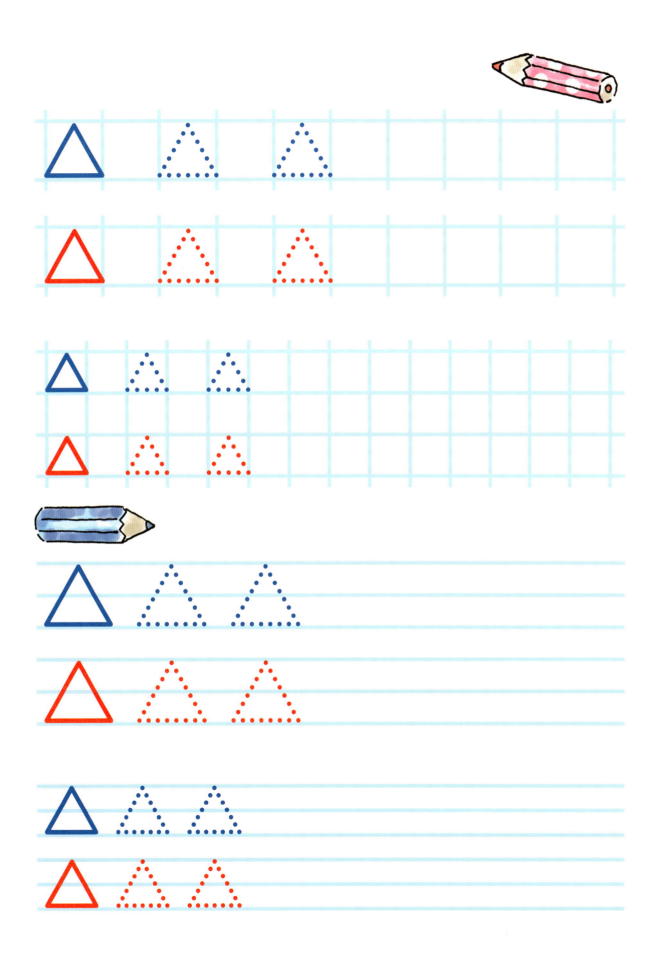

100 レッスン5 まねして描く ステップⅢ やり方102ページ

きれいな ひしがたを かこう

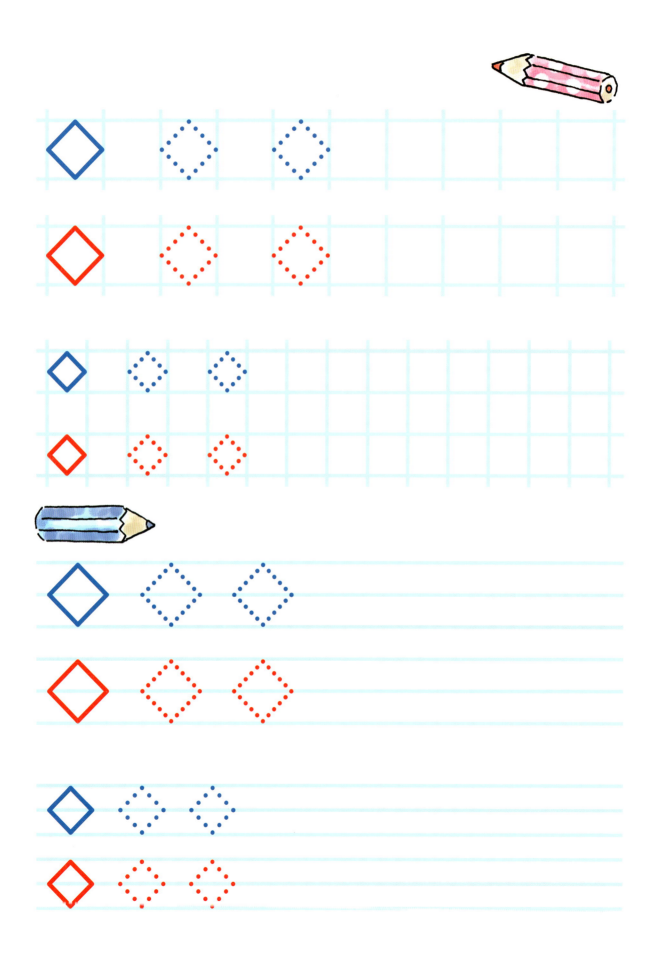